京都で、きもの修行

55歳から女ひとり住んでみて

秋尾沙戸子

世界文化社

「自分の中の日本」を求めて、京都で、きもの修行を

これは、海外放浪の果てに、形見のきものを持ち込んで、ひとり京都で暮らし始めた女性の記録です。あるときは取材で、あるときは余暇で、異国文化に身を晒《さら》しながら、自分の無知を恥じ、「自分の中の日本」を求めての京都入り。まさに修行の日々です。

自分の軸を作りたい。一念発起して、京都に居を構えたのは55歳のとき。衣食住、たいがいのことは経験し、人生の振り返りが始まる年齢でした。組織やパートナーに縛られることなく、「個」としての自分を見つめ直す適齢期でもあります。世間の基準や、流されてくる情報やトレンドに振りまわされるのではなく、物事の本質を見抜くチカラがつく年齢だとも私は考えています。

実は、ずっと以前から、いつか京都で暮らすだろうという予感はありました。目に見えない縁《えにし》に呼ばれている感じがあったのです。「日本人としての体幹」を鍛えたい。そんな思いもありました。海外で日本人の美意識の高さに気づかされるたび、私の中でい

つも京都が浮かんでいたのです。日本の伝統文化は、茶道・華道・香道など「道」のつく世界で受け継がれてきただけでなく、宮中で育まれた貴族文化が庶民の行事や祭に取り入れられ、京都人の暮らしに根づいていると知っていたからです。

そんな私の背中を押したのは、東日本大震災でした。

あの日、私は東京のマンションにいました。7階の部屋は激しく揺れ、長く長く続く揺れに、思わず玄関のドアノブを握りしめて、しゃがみ込むしかなかったのです。落ち着こう。でも、何かが地球に起きている。明日は、これまでの延長ではないかもしれない――。そんな不安が私を覆い始めました。

それから毎日、津波の映像を見ながら涙を流し、計画停電に振りまわされ、（東京都発表による）基準を超えた放射能を含む水道水に慄《おのの》き、情報が十分に与えられず、早晩、原発が爆発するかもしれないという恐怖の中にいました。個人差こそあれ、東京全体がネガティブな空気に包まれていたのです。

私が京都を訪れたのは、震災から1ヶ月後。4月中旬でした。

――驚きました。全くの別世界。そこは東京とは真逆の「異次元空間」だったのです。何も怖くない。すべてを信じて前に進んでいいのだ。そんな優しくて穏やかな空気が、そこにはありました。京都のホテルで、私は震災後、初めて深く眠れたのです。

京都市内を歩いているだけで、私は救われました。京都には、苛立ちがないのです。地球と調和がとれている感じ。人間が存在することが許されている感じ。むしろ人間が守られている、とさえ感じられました。東京とは、何が違うのか。「京都という場」の持つ包容力は何なのか。もしかしたら、人々の営みに秘密があるかもしれない。素朴な疑問は、ジャーナリストとして生きてきた私の探究心を突き動かしたのです。いまこそ、ここで暮らし始めるべきだ、と。

そして、もうひとつ私には別の課題がありました。形見のきものを着こなすことです。63歳の若さで母が永眠して、私の手元にやってきた昭和のきものたち。大胆な幾何学文《もん》などが、どことなく洋服を思わせるような斬新なオーラを放ち、私を刺激しました。

母方の祖父母は戦前、名古屋で呉服屋を営んでいましたが、名古屋空襲で全焼して閉店。それまでに培った祖母の「目」で選ばれた和服の数々が、母の桐箪笥や押入れ内のガンガンと呼ばれていた衣装缶に数多く残されていたのです。祖母が掘り出し物にあうたび個別に手に入れたと思われる、きものと帯は、しかし、残念ながらマッチングがうまくゆかず、そのコーディネートの難しさに、私は頭を抱えたのでした。

数年は、きものの雑誌を見ながら目を慣らし、着付けを習い、やがて東京での会食などに和服を纏《まと》って出向いたものの、「きものなんか着て、今日何かあるの?」と質問攻めに遭うことばかり。不可思議な、見たこともない珍獣に接するような反応を受けて、その都度、場違いな服を選んだのではないかと、居心地の悪さを味わったものです。実はテレビにはコメンテーターとして和服で出演したいと目論んでいたのですが、報道系の番組では「スタジオには、きものでは来ないでください」と言われる始末。

その点、京都では誰に咎められることもないのです。最近は町で和服姿の女性を見かける率は下がったようですが、それでも、和服の女性は日常のひとコマとして違和感はありません。東京からやってきた私の着こなしに助言してくださる人はいても、「なんで、きものなんか着るの?」と着用そのものに異議を唱える人はいないのです。

幸い、私が居を構えたのは洛中で、室町という呉服関係の会社が数多く残っている地域。祇園祭の山鉾が立ち並ぶエリアの、すぐ近くなのです。東京時代からご縁のあったメーカーに、家に残っていた和服の数々を持って相談に行き、皆さんから文様の意味、素材の由来は何かなど、多くを教えていただきました。

そうして、学んだつもりでいい気になって和服姿で町に出没すれば、今度は着こなし自体に良いの悪いの賛否両論で、その場で、お叱りを受けたり、冷たい視線が飛んできたりで、いまでも、周囲に訊きまわったりすることの連続です。

着こなしは個性。京都のルールに縛られようというのではありません。最後は自分らしく着られればいいはず。が、「型破り」という自由を得て自在に愉しむためには、京都に伝わる「型」を学ぶ必要があるのです。型を知らない「型無し」は素敵ではない。そういうケースもいくつか目にしてきました。

「日本人なのに、どうして、きものを着ないの?」

国際政治を追いかけて20代から40代まで海外取材を重ねるたび、決まってこう訊ねられ、「自分の中の日本」が空洞であることを恥じてきました。実は和服を着こなすことは、同時に、日本の伝統文化を理解することに繋がる。文様には奥深い意味があるのです。決して窮屈なことではなく、知れば知るほど、とても面白くて魅力的な意味が。

京都では、月ごとのお茶会や、神社仏閣でのお祭、神事法要に参列しています。何を纏うのがふさわしいか、それとも浮くのか、どんな文様だと共鳴できるのか。きものの選択に悩みながら、その結果を、「神明舎」と名づけた明治以来の町家で、きもの女子、きもの男子を招いて、和文化の学びに繋げてきました。また、「明日の京都　文化遺産プラットフォーム」の企画調査委員として、有形無形の文化財をどうやって100年先につなげていくかに日々心を砕いてもいます。

なにより、京都で暮らしてから、私は変わりました。自分の中で眠っていた別の細胞が目覚めたように感じています。自然の恵みや先祖への感謝。目に見えないものへのリスペクト。先人から受け継がれてきた知恵の数々。四季の移ろいを通して人々の営みから見えてくる京都の奥深さ——。和服を纏ったからこそ見えてきた京都での暮らしは、まさに修行と呼ぶにふさわしい学びと気づきと試練の連続です。

そんな私の京都での、きもの修行を綴りました。「京のひととせ」に沿って、しばしお付き合いくださいませ。

秋尾沙戸子

もくじ

「自分の中の日本」を求めて、京都で、きもの修行を……2

睦月

新年を寿ぐ「歳旦祭」
神社ゆかりの意匠か三友か……14
翁の帯で八坂神社「初能」鑑賞
宮司さんからお褒めの言葉……19
元旦の挨拶は「お祝いやす」
家庭のお正月は羽子板づくしで……24
「やっぱり、はんなりが似合うわ」
梅の訪問着、アタリとハズレ……29
山伏の「寒中托鉢」
長羽織は新選組なの?……34

如月・弥生・卯月

「節分」は社寺巡りで厄落とし
年女は裃で福豆撒きのご奉仕……40
母の形見に合う帯探しの果てに
京の長襦袢遊びを知る……45
三本足の「ヤタガラス」
帯に気がつく京都の人々……50
「お水取り」が始まると
紅椿の帯を締めたくなる……55
旧暦で祝う「上巳の節句」
東京の「ひいなの帯」は左右反対……60

願わくば桜の下にて我撮られん
桜狩の名所を求めて……………65

春は「野点」の季節
桜の花の満開の下で……………70

大正時代の夜桜文を見て一言
「そのきものは死んでへんな」……………75

花まつりはお釈迦さまの誕生日
森口華弘の孔雀文を纏う……………80

皐月・水無月

天神さんに藤文でもいい？
道真公と藤原氏……………86

5月5日、賀茂競馬拝観の帯は
馬か菖蒲か二葉葵か……………91

京都では「端午の節句」に天皇人形
虎の帯がいいらしい……………96

御所観覧席には葵文が勢ぞろい
葵祭にはお決まりなのかも……………101

紅葉の名所は青楓も美しい
紬は仕事着、お召は別格……………106

夢にまで見た95歳の職人技
「蜘蛛の巣文」を纏う意味……………111

茅の輪くぐって夏越の大祓
どこでも「水無月」厄祓い……………116

「明日から祭なんだから、
取材も当然きものだよね」……………121

文月・葉月

母の形見に次々反応
距離感に戸惑ったらビール……128
舞妓ちゃんもすなる「無言詣」
祇園祭限定の願かけ……133
祇園祭宵山そぞろ歩き
駒形提灯の帯が話題……138
朝は山鉾、夜はお神輿
綿絽の浴衣がもっとも涼しい……143
神の子が召し上がる「稚児餅」
鉾の夏帯を締めてご相伴……148
「破れ格子文」を着ていたら、
見知らぬ男性から「武士の文様やね」……153
「襦袢を着れば、お茶席も許される」
小紋感覚の大人ゆかた……158
アンティークの入り口は向日葵文
帯にトンボを飛ばしてみた……163
下鴨神社の「みたらし祭」
若者にも人気「土用丑」の厄払い……168
「七夕」はアサガオか北斗七星か
星合の夜に締める帯……173
「大文字送り火」の朝
青の小紋は道行く女性を引きつける……178
母の上布は「地蔵盆」で活躍
東京で諦めたシミが落ちた……183

長月・神無月・霜月

9月はいつまで夏きもの?
ハチは神さまのお遣いかも……190

9月9日は「菊の節句」延命長寿は菊酒で……195
秋といえば「観月祭」合わせるきものに泣かされる……200
色にこだわる女将も注目 帝王紫の輝き……205
遷宮式には色留袖 開炉の茶事にも菊づくし……210
南座開場式に何を着る？「おしろいの匂い」がしまっしゃろ……215
「襟は白。キャスター時代の貴女はどこへ行ったの？」……220
稲穂文の帯は万能 お火焚き、新嘗祭、お正月、初午祭まで……225
色無地の最高峰は「小石丸」帯は平家納経を締めてみた……230

師走

「おことうさんどす」「事始め」は京都の誰もが忙しい……236
パーティシーズン到来 花柄小紋と大人の振り袖……241
「をけら詣り」と除夜の鐘「根引きの松」に驚きつつ……246
あとがき……252

至貴船神社
瑠璃光院
大田神社
上賀茂神社
下鴨神社
上御霊神社
西陣
本満寺
北野天満宮
鴨川
京都御苑
吉田神社
大文字山
至大覚寺
護王神社
盧山寺
聖護院門跡
白雲神社
永観堂
白川
室町
御池通
三条通
四条通
八坂神社
毘沙門堂
壬生寺
鉾町エリア
祇園
堀川通
烏丸通
清水寺
智積院
京都駅
伏見稲荷大社
至奈良
N
❶中村楼
❷一力亭
❸南座
❹八坂神社御旅所
❺錦天満宮
❻イノダコーヒ
❼長刀鉾町会所
❽誉田屋源兵衛
❾紫織庵
❿岡文織物・榎邸

本書に登場する主な社寺や店舗など

睦月

新年を寿ぐ「歳旦祭」
神社ゆかりの意匠か三友か

元日の朝4時過ぎ――。鈍い街灯だけが頼りの加茂街道を、タクシーで北上する。鴨川は漆黒の闇に包まれ、外は張り詰めたような冷気に覆われている。こんな極寒の夜明け前に移動するなど、何十年ぶりだろう。京都に来てからというもの、私は毎年それを繰り返している。

同じ時刻、京都の家々では除夜の鐘を撞《つ》いて初詣を済ませ、眠りについた人もいるだろう。若者たちは、八坂神社で「をけら詣り」を終えた後、四条通界隈《かいわい》で騒いでいるかもしれない。

多くの寺が存在する京都では、除夜の鐘がどこからともなく聞こえてくる。最初の大晦日、音をたどって近所の六角堂（頂法寺）に行き着き、以来、欠かさず除夜の鐘を撞くようになった。そのまま正月準備を続けながら眠ることなく、朝3時に和服を纏《まと》って、洛北の上賀茂神社へと向かう。「歳旦祭」に参列するためだ。

社務所の前に整列。松明《たいまつ》に導かれながら、白い装束を纏った神職たちに続いて参列者が「二ノ鳥居」をくぐる。朱塗りの橋を渡り、楼門の下を通って、上賀茂神社本殿へと続く石段を上がっていく。頭上には宝船が掲げられている。

圧倒的な静寂のなか、新年を寿《ことほ》ぐ歳旦祭が始まった。

御扉《みとびら》が開けられ、神饌《しんせん》が供せられる。宮司による祝詞《のりと》奏上の間、ふっと研ぎ澄まされた風に撫でられた気がする。神さま（賀茂別雷大神《かもわけいかづちのおおかみ》）が悦んでおられるのかも、邪気を祓《はら》ってもらえたかも、と、感じる瞬間だ。

京都に来てからというもの、神事・法要に参列するときも、茶室に身を置くときも、和服を着るようにしている。神仏に対して、お茶会を催す亭主に対して、私なりの礼儀として、できるだけ和服を纏うのである。神社では、ご神紋につながる意匠を身につけることで、敬意を表しているつもりだ。より神々とつながれると信じて。

防寒は万全でなければならない。1時間半の長きにわたり、外にいるのである。洛北にある上賀茂神社は、私の暮らす洛中に比べて、2度も3度も気温が低い。長時間、外にいれば、手の指も足の指も、かじかんでくる。が、手袋をすれば柏手が打てない。

試行錯誤を繰り返したあげく、首と手首、そして足首にも白いファーのバングルをつけている。和服用のストッキングをはいたところで、足袋のすぐ上が冷たい。そこに白いファーを巻けば温かい。白なら階段でチラッと見えても、足袋の延長に映る。そして草履は「銀座ぜん屋」でみつけた、鼻緒がアザラシの毛皮のものを履く。足の甲にファーが来るだけで、不思議と温かなのだ。

「歳旦祭」で纏う訪問着は2パターン。ひとつは、葵文《もん》の辻が花だ。神社に縁《ゆかり》のある文様を纏えば、神々と波長が合うかもしれない。葵文にこだわるのは、二葉葵がご神紋だからだ。辻が花は、独特の絞りを施していて肉厚で温かく、極寒の参拝に適しているのである。

もうひとつは、梅文の訪問着だ。寒くても、なお花を咲かせる梅がお正月にふさわしく、描かれている3本の矢に神社との縁を感じるからだ。伝えられる神話では、ご祭神の「賀茂別雷大神」誕生にあたって、「丹塗《にぬり》の矢」は重要だ。母である「玉依比売命《たまよりひめのみこと》」は丹塗の矢によって懐妊されたとある。それゆえ新年には、大きな丹塗の矢が本殿前に掲げられるほど、上賀茂神社では「矢」に意味がある。

約1時間。本殿での歳旦祭が終わり、未だ暗い境内を再び松明に導かれながら、境内に点在する摂社・末社のすべてに参拝する。30分ほどかかるだろうか。その間に少しずつ空が白んでいく。手も足も凍えそうになりつつ、しかし神々とともに新年を寿ぐこの時間が、最高に素敵なのだ。新年を無事に迎えることができて、厳《おごそ》かな幽玄の世界に身を置ける幸運を噛みしめながら、感謝の気持ちでいっぱいになる。

実は、令和5年は、歌会始の勅題「友」にならって、新しいきものを選んだ。

「松竹梅ですね。きものが竹と梅で、松の帯を合わせておいでだ」

直会《なおらい》（神事のあと、神さまにお供えしたお神酒《みき》などを分かつこと）を終えてご挨拶したとき、宮司さんから指摘された。よく見ておられる。

竹梅文のきものに若松の帯

その年の歌会始の勅題は「友」だった。だから、初釜式のお道具取り合わせでも「三友」が好まれた。「三友」は松竹梅を表す。寒さに耐えて、青々とした葉をつける松竹、美しい花を咲かせる梅の取り合わせなのだ。前の年、竹と梅が描かれた訪問着をみつけ、後に、若松の帯に出会い、合わせたのだった。

参集殿から外に出ると、東の空には太陽がすでに眩《まぶ》しい光を放っている。歳旦祭で目にした光景は夢だったのか。異次元空間からいきなり現実に戻されたような、あの時間と、目の前の現実が、行きつ戻りつ、不思議な感覚の中を彷徨《さまよ》う。

境内には早起きした参拝客がぽつぽつと訪れ始めていた。私は再び本殿前に向かった。もう一度、神さまに手を合わせた先に、樽酒が待っているからだ。

樽に入ったお神酒《みき》を「干支升《えとます》」に注いでもらう。口に含むと、檜《ひのき》の香が鼻から脳に広がる。都会では味わえない口当たり。この少しピリッとした感覚はなんだろうか。冷たく透き通った空気の中で、木々に宿る精霊とつながったような、自分が確実に浄化されたような、なんとも幸せな気持ちにさせられる。無事に新年を迎えられたことを素直に感謝しつつ、明日を信じて歩き出したくなるような、大丈夫だよ、と包容されているような、満たされた感覚を得られるのである。

帰宅して仮眠をとったあと、午後には上御霊《かみごりょう》神社に参拝。そこからすぐの「神明舎」へ向かう。そこでは、京都の家庭ならではの、元日の儀式が待っているのだ。

京都のお正月は15日まで。新年を寿ぐ行事はまだまだ続く。

翁の帯で八坂神社「初能」鑑賞
宮司さんからお褒めの言葉

京都の新年は実に忙しい。寝正月などとは言っていられない。お寺では3日まで「修正会《しゅしょうえ》」の法要が続き（清水寺は7日まで）、神社では奉納行事が目白押しだ。初詣もさることながら、こうした行事を見逃すまい、お正月限定の御札などを手に入れたい、と好奇心のアンテナを立て始めたら最後、毎日出歩くことになる。初能奉納、かるた始め式、蹴鞠はじめ、舞楽奉納などなど。芸能は見た目も華やかなので、子ども連れも多くみかける。

なかでも初能奉納はそこかしこで見られる。元日早々から、下鴨神社、平安神宮、上賀茂神社、八坂神社、京都観世会館と、家元が直々に舞台に立たれたりするので、謡《うたい》や仕舞《しまい》を習っている人なら、ますます見逃せない。京都は男女を問わず、能楽を学ぶ人口比率が高く、謡か仕舞、どちらかのお稽古に通っていたりする。

朝9時前。八坂神社境内にある能舞台前には、すでに大勢の人々が集まっている。八坂神社は四条通の東の先。洛北に比べたら、特別寒いエリアではない。とはいえ、1月3日となれば朝9時でも空気は冷たい。この寒さの中、これほどの人を集める魅力は何なのか。

初能で演じられるのは「翁」である。「能にして能にあらず」といわれている。神事といってもいいだろう。ストーリー性はない。神聖な儀式であり、演者は神となって天下泰平、国土安穏、五穀豊穣を祈る舞を舞うのである。

そのために、能楽師は身を清めて臨む。本来なら、シテは舞台前の7日間、動物の肉は口にせず、毛皮をも身につけず、という日々を送り、さらには他の演者も、前夜に他の人と別の火を使う、などして身を清らかに保つのである。

また当日、出番前には舞台袖の鏡の間が特別な空間に。「翁飾り」の祭壇が設けられ、面を入れた面箱、舞台で使われる持ち物などが、お供え物と一緒に並べられる。そして出演者全員がお神酒《みき》をいただき、火打石で身を清めてから、面箱の持ち手を先頭に、橋がかりを進んで舞台に入るのである。

舞台からは、そこはかとなく神聖な気配が漂う。鏡板に描かれた老松を背景に舞う姿は、実に神々しい。老松を依代《よりしろ》に神さまが降りてきたようだ。途中、面《おもて》を舞台上でかけるのは「翁」だけだという。これは人間から神への変身を表すためである。

そんな演目だからこそ、私は翁の帯に翁の帯留をつけて、群衆の後ろに立って鑑賞していた。きもの道では無粋でも、翁の帯を締めれば、神さまが私のもとに降臨されるかもと期待して。

翁の帯に神さまが降臨されるかも

「いやあ、後ろから見ていて嬉しくなりました。今朝にふさわしい帯をありがとう」
終わってから、背後の斎館《さいかん》の中で鑑賞されていた森宮司（当時）に新年のご挨拶をすると、こんな風に語ってくださった。なんと嬉しいお言葉か——。早起きして、翁の帯を締めた甲斐があったというものだ。
もちろん真に受ける私が愚かと笑う京都人もいるだろうが、その朝の私は、きもの初心者として素直に喜ぶことにした。
その年の「翁」を演じたのは金剛流、仕

舞が観世流だった。隔年で二流派が担当されている。その後はお琴と尺八の演奏。そして、かるた始めと、八坂神社の新春行事は続くのであった。しかし、その朝は実に寒く、外で鑑賞するには限界があった。神職さんたちもすりすり手をこするほどである。空気があまりに冷たく、片山九郎右衛門さんの仕舞と三好芫山《げんざん》さんの尺八演奏を聴いて退散。お正月で人気《ひとけ》のない祇園町を抜けて、私は四条通の老舗菓舗「鍵善」へと向かった。

実は、「鍵善」当主も私の右斜め後ろで観ていらしたのだ。終わってから、すかさず質問してしまう私——。

「〝初くずきり〟を目論んでいるんですが、今日はお店開いていますか」

「はい、今朝10時から。——いやあ、帯を見て、すぐ貴女とわかりましたよ」

彼のニュアンスは、宮司さんのそれとは少し違っていた。初能に翁の帯を締めようなどという変なこだわりは、アキオくらいだ、アホやなあ、と思われている気配が漂ってはいた。実際、現当主と直接お話しするのはこの朝が初めて。まあ、顔だけでも私を覚えてもらえるのは善きことと、都合良い解釈をして、黒蜜たっぷりの「初くずきり」を求めて「鍵善」を目指したのだった。

翁の帯——。絵のよしあしはともかく、翁の面を描いたこの帯と数年前に出会い、欲しいと思った。どこで手に入れたか記憶にない。東京の原宿だった気がする。いつか出番が来るかもしれないと予感したのだろう。翁の舞台は未だ観たことがなかった。

帯の前に織られているのは、朱・金・青の老松が描かれた半開きの扇。松は単に吉祥文として描かれていると思いきや、なるほど、「翁」の扇そのものを描いていたのだ。

あの朝、私はそこに「翁の帯留」を持ってきた。本来は前の柄を尊重して帯留は避けるべきなのだが、どうしても、この帯留もデビューさせたかったのである。

出会ったのは、六本木にあった「トシカネ」である。ヒルズの誕生で店は消えたが、『ワシントンハイツ——GHQが東京に刻んだ戦後』執筆のため、店主にインタビューした際に購入していた。有田焼のアクセサリーは戦後占領期、米軍将校のお土産物として人気だったらしい。能面のイヤリングがよく売れ、後に日本人のために帯留も作るようになったそうだ。

長く私の箪笥に眠っていた帯と帯留は、八坂神社の初能でようやく日の目を見た。いや、翁の帯を締めたことで、神の依代である老松に思いを馳せることができた。私の方こそ、きものに教えられたのである。

元旦の挨拶は「お祝いやす」
家庭のお正月は羽子板づくしで

京都の人々は、元日をどのように過ごすのだろうか。

私は歳旦祭の後、仮眠を取って「神明舎」に向かう。「神明舎」とは上御霊神社《かみごりょうじんじゃ》とのご縁も深い百年住宅。数年前からそこを大人の学び舎として立ち上げ、私も講座を持っているのだが、オーナーは京都生まれ京都育ちゆえ、「元日の家族の情景」を再現してもらう。異国をホームステイして歩いてきた私の癖《へき》は、ここでも抜けきらない。

私のように夜明けから「歳旦祭」に参列するのは稀で、一般には、普通に朝起きて、家族で食卓を囲むところから始まる。東京と違うのは、食卓での段取りだ。少なくとも名古屋生まれ東京育ちの我家とは全く違う。それは箸袋にも表れている。

元日の朝もしくは大晦日、京都の家々では、主人が家族全員の箸袋に各々の名前を書く。一袋一袋に名前を書くのである。お父さんは「主人」、それ以外、妻や子どもには、たとえば「沙戸子」などと名前が書かれる。それら名入りの箸袋が各人に用意されたお膳もしくは折敷《おしき》の上に、置かれるのだ。「海山《うみやま》」あるいは「組重《くみじゅう》」と書かれたものもあり、これは、いわゆる取り箸である。

商家や伝統を重んじる家では、家紋入りの、塗りの脚付膳に塗り椀が並べられる。ひな飾りの実物大を見るようだが、そこには微妙な男女差がある。「朱」が女子、「黒」が男子かと思いきや、朱塗りは男子の前に置かれるのだ。その昔、塗りは朱のほうが高価だったため、朱は当主と跡継ぎ、それに準じる男子に用いられ、家紋も男女で違った。西日本には女紋を和服に入れる家がいまもある。

東京で家紋を意識している人は、どのくらいいるだろう。母が急逝したとき、業者が最初に聞いてきたのは、「家紋は何か」だった。四男でサラリーマンだった父も、弟も、我家の家紋を知らなかった。私が答えられたのは、きものに入っている紋と、おせちの重箱の蓋に描かれた「抱き柊《ひいらぎ》」を覚えていたからだ。我家では元旦の食卓はテーブル席で、重箱の蓋はあっさり開けられ、二人には記憶されなかったらしい。仰々しく家紋入りの脚付膳や塗り椀で新年を祝う京都の風習は家紋を知る好機かもしれない。

さて、京都の元旦に、必ず頂くものに「大福茶」がある。

「おおふくちゃ」とも「おおぶくちゃ」とも呼ばれる「大福茶」は、結び昆布や梅干しを入れて飲む新年限定のお茶のことを指す。茶舗でもデパートでも、年末には「大福茶」の文字が店頭に躍っている。最初は何のことかわからず、デパ地下でじーっと観察してみたりした。どうやら鏡餅などと共に、人々が何の迷いもなく買って帰る、お正月定番アイテムだったとわかった。

そもそも951年、京都で疫病が流行った折、空也上人が振舞ったお茶で疫病が収まった。その後、村上天皇がその功徳《くどく》にあやかり、元日にはお茶を服された。後に「皇（王）服茶＝天皇が飲むお茶」と呼ばれて、市民の間でも新年に飲まれるようになった。その風習が令和の今日まで続いているのだ。

多くの家では元日の朝、名前が書かれた箸袋がのったお膳の前に一人ひとりが座る。そして、大福茶の入った茶碗を掲げ、「お祝いやす」と主人が発声する。それを受けて「お祝いやす」「お祝いやす」と家族の無事を感謝しながら全員が挨拶をし、新しい年が始まるのである。

お雑煮は、もちろん白味噌仕立て。私自身は家で「本田味噌」の大吟醸（お正月限定）を用いるが、「山利」を好む人が少なくない。「山利」は多くの料亭で用いられる通好みのブランドである。お餅以外の具材は家庭によって違うが、一般的なのは、頭芋《かしらいも》と金時人参、祝《いわい》大根だ。そして、お餅の上に糸削りをどさっとかけるという。

何より重要なのはお餅の形だ。何があっても丸餅でなければいけない。角がなく人間関係丸く収めるのが京都流、と京都人は強く主張する。東京の四角いお餅など、絶対に認めたくないらしい。

おせち料理の後は、お礼に私がお抹茶を点《た》てる。お茶は、老舗茶舗「蓬莱堂」のお正月限定「丹頂」だ。新春のお祝いゆえ、しめ縄が描かれたお茶碗を選ぶ。粟田焼を復興された安田浩人さんの作品だ。茶友でもある。

お菓子はもちろん「はなびら餅」。最近は、どこの菓舗も年末から売っているので、大晦日に買う。裏千家初釜式の主菓子《おもがし》「はなびら餅」は、そもそも宮中の行事食で、初釜式のために川端道喜や俵屋吉富だけで特別に作られてきた。が、いつしか他の菓子舗でも売られることになり、いまや全国区になりそうな勢いである。白いお餅をのして、薄紅色の菱餅と甘く煮たごぼうをのせた白味噌仕立ての味は格別だ。

「神明舎」で過ごすときの装いは、訪問着ではない。小紋に着替えている。しかも羽子板づくしにこだわっている。羽子板をあしらった小紋は、黄緑や橙、赤紫色などで刺繍が施されているので、帯揚、帯締などの小物は、そのいずれかの色を選んで合わせている。帯は黒地に羽根と駒。帯留も羽子板である。

羽子板文を纏《まと》うのは、私の幼児体験による。子どものころ、名古屋の母方の祖母の家で過ごしたお正月を思い出すのである。祖母の家は「神明舎」とよく似ていた。大晦日、祖母が中心になっておせち料理を作り、塗りの重箱が寒々とした廊下に積み上げられていた。叔父たちはまだ独身か新婚で、誰もが幼い私に関心を抱き、皆からの愛を受けて私はそこに存在していた。

昼間は庭で羽子板つき、夜は部屋の中で百人一首に興じた。若き父はまだ名古屋勤務で出世に邁進するわけでもなく、若き母もまだ穏やかで優しかった。子宮の中にいるような、ほのぼのとしたお正月——。あの時空へとタイムスリップしたくて、つい羽子板文を選んでしまう私である。

羽子板文は幼き日の幸せなお正月へいざなってくれる

「やっぱり、はんなりが似合うわ」梅の訪問着、アタリとハズレ

京都の松の内は15日まで。商いが始まるのは、七草粥のころからだ。しんと静まり返った小路や角々で、ぽつりぽつりと和服の男性を見かける。5日とか6日だろうか。東京で見たことがなかった光景に、最初は興奮した。男性の和服姿を背後から拝むだけで、私は京都で暮らしているんだ、とワクワクしたものだ。彼らの行く先は、家元主催の初釜式や賀詞交歓会である。

やがて私も初釜式などにお招きを受けるようになると、自分が何を纏《まと》えばいいのか、何なら恥ずかしくないのかと、「脳内の箪笥」が和服でいっぱいになる。たとえば初釜式ではどんなきものが望ましいか、ごく最近も、老舗の和装小物店で話題となった。

「あ、こういう訪問着がいいのよ」

長女として店を継いだ当主は、和服姿をポストしている私のインスタグラムを見なが

ら、梅の訪問着を推してくれた。

青空のような地色に、梅と矢が描かれた訪問着。寒い中にも美しい花を咲かせる梅と、神事で邪気払いに使われる矢は、吉祥文様でもある。

初釜式では、吉祥文様や春らしい文様が好まれる。東京で若いころ師事したお茶の先生には、初釜の席では地味な着物は避けるようにと言われていた。適度に華やかで格が高い装いは、昭和の披露宴をイメージすればいいのだろう。手持ちで最も望ましいのは、おそらく緑色の青竹がすっと数本裾に描かれた母の色留袖だが、それはインスタに掲載していないので、彼女はこの梅の訪問着を選んだと思う。実際、この訪問着もすでに何度か着ていったことがあるが、毎年同じというわけにはいかないのが悩ましい。私の嫁入り支度にもたせてもらった付下げ、母の訪問着も加えて、順繰りに着まわししている。

京都に来てまもなくの新春は、彼女が推した、その梅の訪問着を纏った。帯は母が黒留用に締めていた古代裂《ぎれ》色紙集文帯。最初は地味に思えて避けていた。が、若作りに見える梅の絵も青の色使いも、母の帯で抑制が効いて格を上げてくれるかもと、締めてみたのだった。

普段なら、きものは自分で着て、髪もクリップで留めるだけ。だが、初釜式ともなれば、早起きして美容院にお任せする。そんな手間隙かけて和服を着た折には、つい寄り道をしたくなるものだ。新年のご挨拶も兼ね、三条室町の帯匠・誉田屋源兵衛《こんだやげんべえ》に寄ってみた。あちらも仕事始めのタイミング。プロの目から見て、このコーディネートがどう評価されるか興味があった。実際、予想以上に高評価。いつもは辛口の番頭さんがこう語ってくれたのだ。

「いままでで一番いいわ。アキオさん、実は、はんなりが、似合うんやね」

――それは、どうだろう。はんなりは、やはり無理な気がする。私自身は粋なきものが似合う人を目指しているのだけど、と心の中でブチブチ思ったが、番頭さんの口から飛び出た言葉は、「はんなり」だったのだ。彼はお世辞を言うタイプではない。

私自身、青が好きだ。青を纏ったときの自分の顔映りがいいのも知っている。しかし、「はんなり」といわれると戸惑うのである。はんなりは、たとえば祇園甲部の芸舞妓の世界で、私のようなガサツな人間がそう言ってもらうには、ハンディがありすぎる。

などと思いながらも、褒められて悪い気はしないから困ったものだ。自分の中に多少なりとも「はんなり」要素があるとすれば、京都で少しは認めてもらえるということか。

そんな私の油断と隙が、仇となった。私は同じ訪問着でこの後、痛い目に遭う。気をつけていたはずのＴＰＯを間違えて、火傷をするのである。

翌年。とある新年会にお誘いを受けた。正確には、ある方のご好意により、無関係の私がご相伴にあずかることになったのだ。ところが、恩師の訃報が入り、彼は急遽欠席。ひとりで大丈夫か？　との問いに「大丈夫です」と答えて、のこのこ出席したのだった。

呉服関係者が多く集うと聞いて、私の肩に力が入る。はんなりと褒められた、あの梅の訪問着にしよう。初釜と同じ帯では格が高すぎるだろうから、白地に梅鉢が並ぶ唐織の帯なら可愛らしい感じが出ていいのではないか。ちぐはぐな装いで、私をそこに誘ってくれた人に恥をかかせてはいけない。東京から来たヤツは駄目だ、と言われないように、そうだ、あの訪問着を着よう――。

新年会当日、会場には女性が少なく、しかも、淡い色の着物を纏っていた。一次会は席が決まっていて式の段取り通りに無事終了。さて、二次会。私に声をかけてくれた方のお仲間たちがご一緒ということで、私は追随した。もとはといえば、私を色々な人に紹介しようと声をかけてくださったのだ。せめて名刺交換をせねば申し訳ない。力が入った。皆さんとよく話した。東京では当たり前だった流れ。アメリカでも求められる振舞い。だが、これが間違いだった。

続いてもう一軒と言われて付いて行ったら、さあ、大変。その席で大目玉を食らう。「君には奥ゆかしさがない」。つまりは、二次会での態度がデカかった、というのである。さすがの私も大いに落ちこんで、しばらく混乱の中にいた。京都は真逆かもしれない。東京、さらにはアメリカで、自分を出さないからと駄目出しされてきた私にはあまりに難しい。

青の訪問着も目立ちすぎだったらしい。主役でもなく新参者の私は、もっと地味な着物で密やかに存在し、誰かが声をかけてくれるまで待つのが望ましかったと、後に複数の人々が解説してくれた。

無知ほど恐ろしいことはない。初対面の私にストレートに教えてくれた彼らの親切に、いまは感謝している。

同じ空色に染めた色無地もよく着ている

山伏の「寒中托鉢」長羽織は新選組なの？

京都では、町の中で山伏に遭遇することは珍しくない。むしろ、よく見かける。奈良・吉野の山奥ならいざしらず、京都の路地でも地下鉄でも、鈴懸《すずかけ》を纏《まと》った人に出会うのである。

あの丸い朱赤や緑のカラフルな梵天。毛皮を腰に着け、法螺貝《ほらがい》を下げている姿。ひとりお見かけするだけでも気になるのに、数人まとめて存在すると、何だろうと追いかけたくなるものだ。その先には、どのような行事が待っているのか、内心ワクワクする。その誘惑は、夏と冬に訪れる。

夏は祇園祭である。34基の山鉾の中に、「山伏山」と「役行者山」があるからだ。彼らは後祭の宵山（巡行前日）に主だった山鉾町を訪れ、最後は「役行者山」で護摩供養を行う。酷暑の山鉾町に、もくもくと煙があがるのは圧巻である。

冬はお正月の松の内だ。東京では門松を7日に外すが、京都では15日まで。玄関に「根引きの松」を飾る。新年早々、ひっそりと静まり返った祇園町でも室町の呉服街でも、京町家には玄関に根っこのついた若松が一対飾られている。茎を和紙でくるみ、上から紅白の水引を結んだ様は美しい。そうして歳神様《としがみ》を自分の家にお迎えするのである。

そんな静まり返った町並みに、羽織を纏った旦那衆が、新年会などでぽつぽつ姿を現したかと思うと、やがて店が開き、ゆるりと仕事が始まるのだ。

そのころ、虚無僧《こむそう》や、黄蘗色《きはだいろ》の鈴懸を纏った人々を、そこかしこで目にするようになる。彼らは商店の門先で、般若心経をあげて無病息災・家内安全を祈るのである。これを「寒中托鉢《たくはつ》」という。

「うちにも来るで。毎年、般若心経あげてくれはんねん。あんたもここに来て、写真撮ったらええわ」

そう教えてくれたのは中井商店のお母さんだった。不動産を扱う個人商店で、夫が永眠した後は、社長を継いだ次男を支えていた。事務所は烏丸御池あたり。常に誰かが立ち寄り、お母さんと話し込んでいた。取引というより、日常の出来事を聞いてもらっている印象だった。私も寄って世間話をした。住居を探すときはもちろん、京都の暮らしについて色々教えを請うた。当時、お母さんは80歳前。すこぶる元気だった。

誘われるままに、ある年の正月、中井商店を訪れ、山伏を待った。ビルの1階にある事務所ゆえ法螺貝こそ吹かなかったが、山伏が7名、般若心経をあげ始めた。中井商店のお母さんも、一緒に手を合わせて唱え始める。お布施を受け取り、お札を渡した山伏たちは、次に呉服商「細尾」へと向かった。私は後を追った。

入れ違いに、中井商店には、背広姿の男性が数名入っていった。そう、背広姿の。

やがて山伏ご一行は室町通にある帯匠「誉田屋源兵衛《こんだやげんべえ》」の前で止まった。誉田屋は、東京にいたころから縁のある老舗の帯匠だ。社長山口源兵衛のこだわりから面白い帯が次々生み出され、私の箪笥は、ここの帯でいっぱいである。

誉田屋源兵衛は創業280年以上の老舗だ。周囲が鉄筋のビルやマンションに建て替わるなか、明治に建てられた京町家が目を引く。黄蘗色の鈴懸が目立って、写真映えする。折しも、業者向けの展示会の季節。年初は、室町界隈《かいわい》の呉服商が全国の業者を集めて、受注会を行う。誉田屋の玄関には、立派な門松に加え、黒地に朱色で「春夏冬」「二升五合」と書かれた垂れ幕が掲げられていた。これを「商いますます繁盛」と読めたら、かなりの京都通。秋が無いから「アキナイ」、「二升」は升が二つで「マスマス」「五合」

は一升の半分「半升」で「ハンジョウ」となる。京都の商店は、昔からこの表現をとってきた。露骨に書かないところが京都らしい。

黄蘗色の鈴懸を纏った山伏たちは、「聖護院門跡」から派遣されている。山には神様が宿る、もしくは山自体が神様と信じる山岳信仰は、奈良時代からあった。そこへ仏教が伝来し、道教の要素も入って、ご神体である山の中で修行して悟りを開く修験道が確立した。寒中托鉢が始まったのは、1936（昭和11）年から。山修行が行われない冬の時期に、心身鍛錬の為に行っている。

黄蘗色の鈴懸は明治期の京町家によく似合う

中井商店に戻った。お母さんが、私の顔を見るなり、こう言った。

「さっき来てたお客さんたちが、アンタ見て言うてたで。あの人は、何する人ですか？　あの出で立ちは、新選組ですか？　やて」

その日は1月にしては暖かだった。カシミヤのコートを纏うほどでもない。私は飛び柄小紋の黒地の長羽織を着ていた。それも、かなり長い。そんな黒の長羽織を纏い、寒中托鉢の様子をカメラを持って追いかける様は、新選組のコスプレとでも思われたのだろうか。よほど私の立ち居振る舞いにしなやかさが欠けていたに違いない。だとしても、新選組とは、かなりショックだ。東京での、「なんで、きものなんか着ているの?」も面倒だったが、新選組の烙印《らくいん》は、もっと嬉しくない。しかも、新選組のトレードマーク「だんだら羽織」は藍で染めた青色のはず。私の長羽織は黒なのに、一体どこが?

さすがの私も少しへこんだ。和服を着そうもない神戸からの男性客なのだから無視していい、などと自分をなだめてみたものの、やはり気になって、この長羽織を4年ほど封じたのである。

「あら、この長羽織いいわね。写真撮らせて」

そう言ってもらえたのは、コロナ禍が落ち着いた後。月釜《つきがま》が開かれる茶室の玄関先で、70代の着物愛好家が興味を持ってくれ、救われた。よく見れば、ウサギが描かれている。卯年の令和5年、晴れて封印を解かれたウサギ文の長羽織は大いに活躍した。

如月・弥生・卯月

「節分」は社寺巡りで厄落とし
年女は裃で福豆撒きのご奉仕

芸能人もすなる福豆撒きというものに、私も京都で挑戦した。チャンスは年女・年男に訪れる。私の場合は、還暦の年。真剣に厄落としを考える年齢だった。

京都では、ご縁があれば年女・年男に福豆撒きご奉仕の門戸は開かれている。氏神さま、あるいは日頃から通って自分が崇敬できる社寺が募集していれば、初穂料を納めてご奉仕できる場合がある。

それまでも、知り合いのご子息が年男（36歳）で福豆撒きをするというので、脚立抱えてカメラを持って足を運んだことはあった。現場に行って驚いた。群衆の中に入るなどはとんでも無い。何があっても福豆を受け取ろうとする人のエネルギーが、凄まじいのである。揉みくちゃにされるのは必至で、ゆえに、私が立つのは最後列の建物の際。人々の背後からレンズを向けた。

さて、今度は自分が撒く番だ。自前の付下げに貸衣装の裃《かみしも》を着付けてもらい、大豆の小袋入りの大きな升《ます》を持して待機した。果たして皆に行き渡るように豆を投げられるかしら。ソフトボールも苦手だった私。遠くの人には下から投げたら届くかも。

舞台に立った。いやあ、上から見ても、熱気がすごい。「こっちこっち」という声とともに次々手が伸びてくる。四方八方平等に投げたつもりだが、あれ？　また同じ人の手が指を開いて待っている。3度目、4度目をリクエストしているのだ。

裃の下は自前の付下げで柔らかい印象に

ご奉仕のあと、考えた。福豆を受け取れることは縁起が良いので、皆さん必死なのはわかる。が、この空気は京都に伝わる節分行事の本来の意味から遠のくような気がして、妙な脱力感に襲われた。

お正月の2週間で、たっぷり厄落としができたはずの京都の人々。7日の「人日《じんじつ》の節句」には神社で白馬を眺めて七草粥を食べ、「十日ゑびす」には福笹（笹の枝）に金運を呼び込むオーナメントをつけて持ち帰り、15日には小豆を食べて厄落とし。そこまですれば完璧のはずなのに、しかし、節分がこれまた一大行事。実に忙しいのである。

2月の2日と3日、2日間にわたって、複数の神社仏閣を巡る人も少なくない。しめ縄や旧《ふる》い御札を返し、邪鬼祓《ばら》いの儀式に参列し、舞台から投げられる福豆を取るのに必死だ。家では軒や玄関に、焼いた鰯《いわし》の頭を柊《ひいらぎ》の枝に刺して掲げ、3日夜には豆を撒く。鬼が柊の棘《とげ》に刺さって痛がり、鰯の悪臭に驚いて退散するか、あるいは、豆を撒いて鬼退治。大豆には「魔《ま》を滅《めっ》す」霊力が備わっていると信じているためだ。

古来、季節が生まれ変わる節分には、邪気が入りやすいとされてきた。節分そのものは年に4回あるのだが、「陽の気に転じる立春」の前夜が最も危なく、宮中では鬼退治の「追儺式《ついなしき》」が行われていた。邪気＝邪鬼であり、鬼に見立てて祓ってしまう。つまり、鬼とは、「邪気を見える化した存在」なのだ。

鬼門・裏鬼門という言葉が示すように、北東と南西は要注意。ゆえに、鬼門の「吉田神社」参拝は外さないという人が圧倒的だ。「吉田神社」は京都大学の近く、吉田山の麓にある。裏鬼門は新選組でお馴染みの「壬生寺」である。当日はその2箇所をピストン輸送する「節分限定の京都市バス」が走るほど大勢が巡る。さらには四方詣する人もいる。「吉田神社」から時計まわりに、「八坂神社」「壬生寺」「北野天満宮」の4箇所だ。鬼門の「吉田神社」では、節分前夜に宮中さながらの「追儺式」が行われている。鬼を退治するのは「四つ目」仮面の方相氏《ほうそうし》。右手に矛《ほこ》、左手に盾《たて》を持って、「侲子《しんし》」と呼ばれる子どもたちを率いて登場し、鬼を境内から追い出している。「鬼やろう、鬼やろう」と言いながら、平安時代には総勢100名が大内裏《だいだいり》のまわりを歩いたというから、さぞかし賑やかだったに違いない。その後、霊力宿る桃の木の弓で葦《あし》の矢を放ち、厄を払い清めるのだが、その様子は『徒然草』にも描かれている。

節分当日は、「廬山寺《ろざんじ》」の「鬼おどり（鬼法楽）」も見逃せない。現在の京都御所の東にある「廬山寺」は平安時代、紫式部の邸宅があった場所だ。節分の日に斎行される「鬼おどり」では、太鼓と法螺貝の音を合図に、赤、青、黒、3匹の鬼が特設舞台に現れる。それぞれ松明《たいまつ》と、宝剣、斧、大槌を持って、足拍子をとりながら大師堂に入っていく。鬼たちは中で住職によって行われている護摩供《ごまく》を邪魔しようとするのだが、護摩供の秘法によって追い出されてしまう。さらには、東西南北中央の5箇所に放たれた邪気祓いの法弓と、舞台から撒かれた蓬莱豆と福餅によって鬼は退散する。

ここからが重要だ。「改心した鬼」は、棍棒を使って人々の病気などの災いを取り除く「加持」を行う。この「鬼の改心」というのがポイントで、聖護院門跡でも、暴れる鬼を山伏が退治する追儺式では、やはり退治された鬼が人々に加持をする。人々は、この加持を受けたくて、いずこも長蛇の列ができている。

京都の社寺では、鬼を全否定はしていない。鬼は目には見えない邪気である。「廬山寺」では「煩悩の化身」、「吉田神社」では「人間の苦悩の姿」ととらえる。どんな悪い鬼でも、改心する。改心したら、人を加護する側にまわる。この考えは、疫病退散の神々にも通じる。最初は外国からきた疫神でも、後に人々を守る神々に変遷していくのである。鬼と上手に共生する知恵を、日本の先人たちが模索してきた結果といっていい。

万が一、ウィルスに感染したとして、そのウィルスと正面切って闘うのではなく、悪さはしないでと願いつつ、厄は小さく、福は大きく自分の中で育てて開運へとつなげていく。追儺とは、実は受容と共生の確認であることを教えてくれるのが、古代から続く、京都の節分行事なのである。

母の形見に合う帯探しの果てに京の襦袢遊びを知る

「美人の母親の下に、父親似で生まれてきた娘」の悲哀を、子どものころから嫌というほど味わってきた。理由もなく私が怒鳴られるのは、父に不満があったか、姑（父方の祖母）に腹が立ったとき。母の怒りの矛先《ほこさき》は私に向けられ、実家では私が常にサンドバッグだった。自分に似ず、父にそっくりな私を見ると、怒りが倍増されたのだろう。

どうやら美人の母親というのは共通してこの傾向があるらしい。仕事柄、出会った人たちから、同様の苦労をよく聞かされた。戦前生まれの美しい母親たちは、自分がアドバイスをしなくても、娘が完璧でいて当たり前。センスが悪ければ怒り、さりとて、母を超えても機嫌が悪い。少なくとも私と母の関係には、かくのごとき複雑で、難しいものがあった。

そんな母が63歳で急逝した。解離性大動脈瘤術後破裂。私は39歳。サラリーマンの父が出世を遂げ、母が溺愛した弟が結婚。母が私に接近し始めたときだった。自分の使命は終えたのだから、「世間標準から逸脱した出来の悪い娘」に寄り添うのも悪くない。そうした気配を漂わせながら私に優しくなった母の態度に、これから少しは仲良くできるかもしれない——。そんな淡い期待を抱いた矢先、母は帰らぬ人となった。

だから、形見を纏《まと》うのである。生前、心を通わせられなかった分、物を介して交流するしかないのだ。般若のような表情に萎縮させられたが、私は母が好きだ。できれば色々語りあいたかった。母がどんな思いで生きてきたのか聞いてみたかった。生前は認めてもらえなかったが、きものを纏えば、母を感じることができるはず。応援されていると思い込むこともできる。そう信じて、私は「きもの道」へと足を踏み入れた。

実は母の桐の箪笥の上には、「和の喪服が一式」私のために用意されていた。万が一のときにはここにあるから、という申し送りも生前あった。社会的地位のある父も自分も恥をかかぬよう、袷《あわせ》の喪服が揃えられていたのだ。面と向かって優しいコトバをかけられたことはなかったが、世間的に親がすべきことには抜かりがない。母らしい配慮だった。結果、お通夜と告別式が、私がひとりで和服を纏った最初となった。そして、形見となったきものの数々を着こなすことが、母が私に残した課題にも思えた。

桐の箪笥に眠る形見の中でも、真っ先に着てみたかったのは、私が子どものころ目にした真朱《しんしゅ》の訪問着である。幾何学文《もん》と呼んでいいのだろうか。ところどころ臈纈《ろうけつ》で大きな四角が施され、中は黒から銀鼠《ぎんねず》へと、幾何学的ぼかしになっている。母のお気に入りだったのだろう。名古屋の一軒家で暮らし、母がまだ優しかった時代によく着ていた。アルバムにも、それを着用して幼い私と撮影した写真が数枚残っている。主に祖母の家でのカットが多いが、いずれも母は慈愛に満ち溢れた表情で、私がちゃんと愛されていたと確信できる貴重な写真なのだ。

ところが、帯がないのである。合う帯が見当たらない。果たして母が何色を締めていたのか、羽織に隠れ、モノクロ写真では判別できなかった。箪笥には帯もきものも数多《あまた》あるのに、マッチングが悪いのだ。きもの初心者の私が思いつく無難な帯は、シンプルな黒。だが、箪笥の中にあったのは、不祝儀の黒帯だけだった。

ようやく出会ったのが、黒地のトランプ文だった。東京競馬場でオークスを観た帰り道、新宿伊勢丹のエスカレーターを上がってきた私の眼の前に、トランプの帯が下がっていたのである。きもの雑誌では見かけたことのなかったトランプ文。黒地にカードが数枚織られている。しかも、同じデザインの襦袢《じゅばん》地まで並んでいるではないか。初心者の私を魅了するのに十分だった。帯は黒の織、襦袢は薄白茶地の型染めを購入。それが京都「紫織庵《しおりあん》」との出会いだった。

そもそも襦袢遊びは、袖から見えるチラ見せのオシャレである。帯と襦袢が呼応していると気づく人は、どれほどいるだろう。

最初は会津の和食店だった。文化人によるＮＰＯ「エンジン01文化戦略会議」の面々で会津に出向いたとき。地元の人々との会食「夜楽」プログラム会場となった店で、女将が指摘してくれた。「まあ、襦袢と帯がお揃い」と。

次は、サントリー宣伝部時代の先輩、故・鈴木理雄さんだった。広告業界で知る人ぞ知る鈴木さんは、多くのサントリーの広告を手掛けた名プロデューサーだ。退職後、金子みすゞの物語を作・演出されたので、サントリーホールに駆けつけた。上演の後、彼はすぐに気づいてくれ、「あ、お揃い。おしゃれ」と一言。洋服も広告もセンス抜群の

帯と襦袢のお揃い。トランプ文と風神雷神文には若者が興味を示す

理雄さんからの承認。嬉しかった。

「トランプの帯ですか？　めずらしいですね」と話しかけてきたのは、建て替え前の歌舞伎座男性スタッフだった。休憩時間、ちょっと外に出ようとした私を、走って追いかけてきたのだ。日ごろから坂東玉三郎丈の衣裳を目の当たりにし、梨園の妻など和服美人が集う歌舞伎座で働く中年の男性スタッフが、走って飛んでくる。それほどトランプ文には人を引き付ける何かがあるらしい。

京都に来たら、「紫織庵」はあまりに近い。自宅から歩ける距離にあった。おかげで、箪笥に収まる型染め大正ロマン柄の襦袢は数知れず。桜と雀、光琳梅、光琳風燕子花《かきつばた》、風神雷神、蜘蛛の巣、ジャズ、などなど。帯と襦袢お揃いコーディネートは、もはや癖になったと言っていい。

ちなみに、トランプ文の帯は若者向けの講演で役に立つ。中高生や女子大生が対象の出張授業では、トランプ文で出向き、和服の説明も少しだけ加える。「きものなんか着て、何かあるの？」と訊かれアウェイ感のある東京で、若者へのサブリミナル効果を狙っているからだ。親世代が和服を着ない彼らが、登壇者の文様を見て興味を持てば、その試みはアタリだ。将来、彼らが日本の民族衣装である和服を纏えばと願いながら。

三本足の「ヤタガラス」帯に気がつく京都の人々

「八咫烏」という言葉を初めて知ったのは、20年近く前。三条室町の帯匠「誉田屋源兵衛《こんだやげんべえ》」で九寸の帯を見せてもらったときのことだ。

真っ黒の織に真っ黒の鳥が3羽（私の記憶では3羽だが、1羽だったらしい）、かすかに浮き彫りになっていた。足の数など気にもかけず、一応訊《たず》ねてみた。コレは、なんですか、と。

「八咫烏ですわ、三本足の」と、番頭さんは答えたのだった。

ヤ・タ・ガ・ラ・ス――。初めて耳にする音だ。なのに、知っていて当たり前のようなニュアンスが言外にあふれている。

が、そのときは深く訊ねる気にもならなかった。黒い帯に、黒いカラスが3羽。しかも三本足。意味不明でいかにも不気味な帯を締めるなど、東京で暮らすきもの初心者の私には考えられないことだった。

東京でカラスと言えば、都会の生ゴミを漁《あさ》る厄介者。当時の都知事・石原慎太郎氏が都内のカラス被害を受けて、パイにして食べてしまえば良いなどと発言していたほど深刻だった。少なくとも人間のミカタのイメージはない。ましてや、神の遣いだなんて、東京育ちの私にどうして想像できよう。

いや、待て。サッカーファンからツッコミが入りそうだ。君はワールドカップを観ていたのか。なら、日本サッカー協会のシンボルマークをなぜ知らない。国際世論で日本の勝利の陰に三本足の八咫烏の神通力が働いているとする説があるのだ、と。同時に、アジアからの反発もあった。大日本帝国陸軍がシンボルに用いたためだ、と。

結局、そのときに私が選んだのは、白鼠《しろねず》色に黒で描かれた「伊藤若冲の雨龍図」だった。ニャロメのようなファンキーな表情が可愛らしく、軽くて柔らかいのが決め手となった。軽さの理由は、国産の繭《まゆ》から座繰《ざぐ》り（機械ではなく手で繰った）で糸を引き、撚《よ》りをかけずに織られているからだという。その誉座《ほんざ》織に、若冲の龍が黒と箔で織られていた。

ところが、京都で暮らし始めてから、私は激しく悔いた。買わなかったという自分の選択を悔いたのだった。どうやら京都では八咫烏伝説は一般教養の範囲。八咫烏はそこかしこに存在するのだ。

最初の出会いは、9月9日の「烏相撲」。上賀茂神社では、奇数が重なる「重陽《ちょうよう》の節句」に神事が斎行され、後、境内の立砂《たてすな》前で地元の子どもたちによる相撲が執り行われる。その際、烏帽子《えぼし》、浄衣《じょうえ》を着た刀禰《とね》と呼ばれる所役二人が、カラスの横飛びや鳴き真似をし、細殿の両脇に八咫烏を描いた提灯《ちょうちん》が下げられるのだ。そして、神職から次のような解説がなされる。「神武天皇東征の折、和歌山から北上する際、豪族の抵抗に遭い熊野の山道で迷われたが、太陽神・天照大神が遣わした八咫烏に導かれ、奈良の橿原《かしはら》で即位された」と。同様の説明が2月11日の紀元祭でもなされる。現在の建国記念の日は、戦前までは紀元節。神武天皇が即位した日として、国民の祝日だった。

実際には「賀茂族」の集団が黒い装束を着て護衛したのだろう。『新撰姓氏録《しんせんしょうじ》』には賀茂族が八咫烏の子孫と書かれている。そこで創建されたのが二つの賀茂社だ。いずれも伊勢神宮に次ぐ社格である。下鴨神社には、八咫烏に扮した賀茂建角身命《たけつぬみのみこと》が、上賀茂神社には、孫の賀茂別雷大神《かもわけいかづちのおおかみ》が各々、本殿に祀《まつ》られている。下鴨神社の摂社・河合神社の任部社《とうべのやしろ》には、化身である八咫烏そのものが祀られ、「勝利に導く神」へ必勝祈願参拝者が後を絶たない。境内にはサッカー選手のサインが記されたボールが並んでいる。

さらに驚いたのは、祇園祭の鉾に八咫烏を見たときだ。34ある山鉾のうち、「月鉾」の千木《ちぎ》（屋根に設けられた装飾）の上には八咫烏の彫刻が乗り、巡行の際、扇子を持って鉾の前に立つ「音頭取り」の浴衣にも八咫烏が描かれている。祇園祭の山鉾の中でも最も重いとされている「月鉾」は、鉾先に三日月、破風《はふ》の下に左甚五郎の白兎がついている。「月に兎」はわかりやすいが、なぜ八咫烏なのか。訊ねれば、「八咫烏は太陽の遣い」だからだという。兎と八咫烏、月と太陽でバランスをとっているという説明だった。

近寄れば、三本足の八咫烏

こんな話を知れば知るほど、選ばなかった八咫烏の帯に執着がわくのが私の悪い癖。八咫烏の帯、次はいつ？　と誉田屋さんに執拗に訊ね続け、制作した年にようやく手に入れたのだった。

うーん、ちょっと肩透かし。渋すぎて、よくわからない。黒の魚子織《ななこおり》。もっと浮き出ているはずの八咫烏は、黒の中にうずくまっていて、三本足も、気づいてもらえないのではないか。

ところが、違った。これが面白いように注目を集めるのだ。街を歩いていても時折、「あ、八咫烏ですね」と話しかけられる。歴史好きには受けがよく、京都を深く知っているとみてもらえるらしい。当然のように、上賀茂神社の重陽神事と、2月11日の紀元祭に締めて参列するわけだが、氏子の人々も、神職さんも、目ざとくみつけ、私の背中で、八咫烏談義に花が咲く。

さらに、御代替わりにまつわる展示物にも驚かされた。昔の「即位の礼」では紫宸殿の前の「日像纛旛《にっしょうとうばん》」に八咫烏が描かれ（近代では八咫烏が刺繍された「頭八咫烏形大錦旛《やたがらすけいだいきんばん》」が置かれている）、孝明天皇の礼服にも八咫烏が描かれていた。

すっかり八咫烏信者となった私である。

色々な神社で手を合わせていると、カラスが啼く。空高く、上のほうで啼《な》く。神の遣いだろうか。私は歓迎されているのかも。

そう、神社で聞くカラスの声は「大吉」より嬉しかったりする。

「お水取り」が始まると
紅椿の帯を締めたくなる

立春に梅が花開くと縁起がいい、と聞いたことがある。寒い中でも凛《りん》と花を咲かせる梅の花に励まされながら、京都の人々は極寒の2月を乗り切っている気もする。2月25日には北野天満宮で「梅花祭」が開かれるが、上七軒の芸舞妓がお茶を運ぶニュース映像が流れると、春を予感させるのである。

もうひとつ、3月に入ってすぐ、京都で聞かれる言葉がある。

「お水取りが始まりましたな」

春への期待もいや増しに、2週間にわたる「お水取り」が終わるといよいよ春が来るというニュアンスが、この挨拶の裏にはこめられている。年配者やお茶席での挨拶に限らない。若い世代でも、「お水取り」と聞くと、春が近いと感じるらしい。

奈良の行事なのに、自分事として感じる距離感が、私には未だわからない。正倉院展も、京都の人にとっては我が事なのである。いずれも開催中の2週間、人々はなんだか落ち着かない。一度は奈良まで足を運んだりする。

「お水取り」とは、1250年以上も続いてきた、奈良・東大寺の二月堂で行われる「修二会《しゅにえ》」のことである。(旧暦2月の)3月1日から2週間、執行される。ニュースで紹介されるのは、「練行衆《れんぎょうしゅう》」の下駄の音とともに、お松明《たいまつ》が回されながら走っていく映像だ。清める役割のお松明から、火の粉が階下に降りかかる。浴びると無病息災。が、まとめてどっと火の塊が落ちたときには、観衆からどよめきが起きる。

奈良でも京都でも、火を使う行事が多い。中東のゾロアスター教が関係しているのかと、つい勘ぐってしまうが、同じことを考えていたのが松本清張さんだ。彼の小説『火の路』は、まさに、その秘密を解き明かそうとするミステリー。実に興味深い。

そう、私たちがニュースで見るのは、火の映像だ。なのに「お水取り」と呼ぶのはいかに、と若いころは不思議に思った。2週間で1日だけ、深夜に本尊の「観音さま」に供える「お香水《こうずい》」を、神職が汲む神事がある。だから「お水取り」。やはり謎だ。

ここでも「火」と「水」で浄化されるのか。やはり「火水《かみ》さま」なのだなあ、と感心はするが、いや、ご本尊は観音さまではないか。だから仏教のはず。いや、最初に大《おお》祓詞《はらえのことば》で祓《はら》うから神道か。いや、明治維新までは神仏習合なのだから、両方があっていいのだ。とひとり問答をしてはみるが、なにせ1250年以上、途切れることなく、ここまで続いたことが奇跡。観音さまだけが知っている秘密と納得しよう。

二月堂本尊の「十一面観音」に祈願する「お水取り」は、正式には「十一面悔過法要《けかほうよう》」である。1年間の罪穢《けが》れを観音さまに懺悔《ざんげ》し、国民・国家の安泰を祈るのが目的だ。この行事を担当する僧侶が「練行衆」。毎年11人が選ばれる。行の様子は少しだけ垣間見ることができるが、女人禁制のエリアもあり、ずっと歯がゆい思いをしてきた。ところが、コロナ禍、絶対に入れないお堂の中にNHKが4Kカメラを持ち込み、番組を制作。私の知るところとなった。

紅花で何度も染めた赤を締めたくなる

「お水取り」を見たことがなくても、京都のお茶席では「修二会」が話題になる。お道具も色々だ。「二月堂」の焼印が入った炉縁《ろぶち》、お松明を削った茶杓《ちゃしゃく》などなど。お菓子に「糊《のり》こぼし」が出てきたりしたら、話題は「椿」で盛り上がる。「糊こぼし」とは、紅い花びらに白い糊がこぼれたように斑《まだら》な「椿」で、それを模した造花が本堂に飾られるからだ。あるいは、その造花そのものが待合いに置かれていたりする。

私の「お水取り」見学初体験は、四半世紀ほど前。まだ30代だった。誘ってくださったのは、まさに、椿の造花のため赤い和紙を奉納している、染司の吉岡幸雄さんだ。あのときは感動など無く、練行衆の行の美しさより、足が凍結しそうで辛かった記憶しかない。しかも、女性が入ることができないエリアもあり、その差別への落胆もあった。

当時、吉岡さんは東京にもお店を持ち、月に一度、講座を開いていらした。お店は西麻布の米軍ヘリポートの正門前。そこで私は日本の歳時や京都・奈良の祭について学んだ。祇園祭など古都の祭をご案内頂ける機会には、手を挙げて足を運び、そのとき目にした景色は、漢方薬のように私の細胞に染みこんでいると感じることもある。

もちろん紅花の話も伺った。「よしおか」が紅花《べにばな》で染めた和紙を、東大寺の練行衆らが白い和紙2枚と赤い和紙3枚、交互にあわせて花拵《ごしら》えする。それが「椿」の造花として「修二会」の間、須弥壇《しゅみだん》に飾られるというのだ。

講座では、その「椿」の造花に直に触らせて頂いた。

――強烈だった。山形の紅花で染められた赤。あの赤が目に焼き付いて離れない。ゆえに、紅椿の刺繍帯をみつけたときは、すぐに購入した。萌黄《もえぎ》色に、赤と黄色の椿を刺繍したアンティーク帯。「糊こぼし」ではないが、鮮やかな赤が私の心を捉えた。手元には他に橙色に白の斑を表現した刺繍帯もある。が、赤ではない。上村松園画の襦《じゅ》袢《ばん》もある。が、淡い紅色だ。「修二会」の「椿」は、母の襦袢「赤絹《もみ》」と同じ赤。紅花でしっかり染めた赤でなければいけないのである。

「あかん、アキオさんみたいに、そんな化繊の服着たら。絹を纏わな、あかんのや」と、講座ではいつも名指しで怒られていた。当時、東南アジアを取材していたこともあり、私は化学繊維のワンピースを着ていたのだ。小さく畳めて旅に向いているのと、色が鮮やかでアジア的、足首まで隠れるロングスカートが現地の民族衣装風なので、そればかり着ていた。肌触りより、見た目や洗濯機で洗える便利さのほうが大切だった。

いまならわかる。絹に触れたときの懐かしい感じ。絹を纏っただけで感じる優しさ。蚕《かいこ》の糸に守られている感じ――。自然染めの絹がいかに素晴らしいか。

令和元年秋、吉岡幸雄さんは、帰らぬ人となった。「お水取り」の季節、私は紅椿の帯を締め、故人を偲《しの》んでいる。感謝をこめて。合掌。

旧暦で祝う「上巳の節句」
東京の「ひいなの帯」は左右反対

京都に来たら調べたかったことのひとつに、ひな飾りがある。昭和9年生まれの母の御殿飾り雛の由来が謎のままだった。曽祖父が亡くなっていたので、祖母の兄があちこち奔走し、京都で購入したらしい、という母の従姉妹たちの証言から、その真相を突き止めたい思いがあった。

「美人の母親の下に父親似で生まれた娘」の悲哀については既に触れた。じゃあ、娘とそっくりの父親に優しくされたかと言えば、それも違う。思春期以降、両親から否定され続けてきた娘が、それでも横道に逸《そ》れず現在まで生き延びたのは、「幼少期には両親に愛されたはず」という思いこみがあったからだ。

私が小学生のときに名古屋から東京に父が転勤。社宅暮らしが始まって、両親は豹変した。企業戦士の父は家庭を顧みることなく出世競争に邁進。母は社宅内での人間関係維持のため神経をとがらせていた。ストレスを抱えた母にはサンドバッグが必要だった。中学生の私は、理不尽な叱責を受けるたび、部屋に籠って泣きながらアルバムを開いた。般若のような表情の母は仮の姿で、本来の母ではない。昔の写真が示す柔らかい母の笑顔が、私を救ったのだった。

そんな幼い日の甘い記憶に、ひな祭がある。我家には私のひな飾りはなく、母の御殿飾りを流用していた。横に長い御殿の中に、内裏《だいり》雛と三人官女と従者たち、五人囃子《ばやし》がいる御殿雛。毎年、母と一緒に箱から人形を出したときの、火鉢で菱餅を焼いてもらったときの、母の子宮の中にいるような安心感が、いまでも忘れられないのである。

ひな飾りは私にとって、へその緒に匹敵する宝物。母が63歳で早逝《そうせい》してすぐ、私は名古屋に残した物置から、御殿飾り一式を引っ張り出して東京に送った。自分の手で組み立てて、あの日の記憶をたどらねばならない、幼いころは母に愛されていたという確証をつかみたい、と私の脳が反応した。

唐破風《からはふ》の屋根、襖《ふすま》、御簾《みす》、欄干……。こんなに重くてややこしい御殿を、母はどうやって組み立てたのだろうか。20世紀末、まだネット情報が少なく、トリセツ無し「御殿プラモ」作りに、東京でひとり、挑んだのだった。

それにしても、母の御殿雛の由来は何なのか。東京で目にしてきたのは、お内裏さま（男雛《おびな》と女雛《めびな》）をトップに、階段状に飾られる段飾りである。南青山の根津美術館でも日本橋の三井記念美術館でも、唐破風の屋根のついた御殿飾りに出会うことはなかった。何か手がかりはないかと、京都に居を構えてから毎春、ひな飾りを見て歩いた。

京都では、ひな祭りは旧暦で祝うところが多い。ゆえに新暦の2月末から4月までだ。呉服商旅館や料亭の玄関だけでなく、お寺や旧家が由緒あるひな飾りを披露するのだ。

だった杉本家では代々夫人たちの輿入《こしい》れ道具の「内裏雛」が、尼門跡寺院の宝鏡寺では歴代皇女たちが愛した人形が、期間限定で公開される。

関東との違い、最初に気づくのは、内裏雛の座り位置である。京都のひな飾りは、男雛と女雛が左右反対なのだ。これは大正天皇即位の折、西洋式となった並びを受けての流れ。東京の人形業界が示し合わせて、西洋の並びで売り出した。ところが、京都の人形組合は頑《かたく》なにそれを拒み、平安時代から日本で続いてきた歴代天皇の並び、すなわち東に位が高い人、男雛（天皇）が東に座る並びを踏襲すると決めたのである。

あれ？　よく見ると、最下段にいる男たちの様子が母の人形と違う。彼らは地方から宮中にやってきて無給で働いた仕丁《しちょう》（雑役係）だ。私が見てきた三人組は両脇の男たちが傘を、真ん中が履物を持つ、下足番だった。ところが京都では、泣き上戸、怒り上戸、笑い上戸の三人組。箒《ほうき》を持ったり、鍋を囲んだりしている。京都で購入したはずの御殿飾りに関東の三人組が添えられているのは、どういうことか。ある資料館では、「三人上戸がいないのだから京都のひな飾りやおへん」と、きっぱり否定されてしまった。

結局のところ、母の御殿飾り雛は、デパートがカスタマイズして売っていたものを、祖母の実家が購入した説が有力となった。当時の流行は御殿雛。昭和天皇が即位されて3年後、京都で御大典《ごたいてん》が斎行された。京阪神から静岡までの地域で、京都御所の紫宸殿《ししんでん》を模した御殿飾りが流行《はや》ったのだ。実際、上京区にある「仁風庵《じんぷうあん》」で公開された雛飾りの中に御殿雛をみつけ、それが証明された。岐阜のご実家から、現当主の叔母へ贈られたものだという。製作は母の御殿雛とは1年違い。名古屋の松坂屋で購入されたというから、母の御殿雛もそこから来た可能性が高い。

謎が解けてみると、あら不思議。次々に御殿雛を目にする機会が巡ってくる。高瀬川の料亭「ちもと」でも、大阪・谷町の「伊部邸」でも御殿雛が拝めるのである。しかも、伊部邸の五人囃子は能楽だけでなく雅楽のもある。おくどさん（かまど）もある。本来ひな飾りがミニチュアをさし、ままごとの道具であったことの証である。

さて、旧暦でも祝う京都だから、「ひいなの帯」は大活躍。出番が急激に増えた。帯は東京でアンティークを手に入れていた。市場に出回っているのは「立ち雛」がほとんどだが、できれば座り雛に出会いたい。と思って見つけたのが、子どもの玩具とともに描かれた染帯だった。

ところが、この帯を締めて京都で写真を撮れば、内裏雛と私の帯は左右反対。誰からも正面切って指摘されていないが、写真がそれを証明してしまう。はてさて、今後、京都の並びで描かれた帯に出会う日が来るのかどうか。さすがに最近は御所車に八重桜の刺繍帯を締めたりする私である。

京紅型の小紋で杉本家のひな飾り展へ

願わくば桜の下にて我撮られん
桜狩の名所を求めて

桜が咲き始めると、日々落ち着かない。

毎年、見ているではないか。去年も見たではないか。そう思っても、ちゃんと愛でないと申し訳ない気がして、いそいそとでかけてしまう。

京都では、そんな日々が続く。1ヶ月続く。厳寒の中、凛《りん》と花を咲かせる梅も美しいが、桜は、そのはかなさゆえに吸い寄せられるのかもしれない。

東京では毎年、青山墓地の桜トンネルを歩いた。花曇りの昼下がり、はらはらとソメイヨシノの花びらが舞い降りる中にひとり身を置くと、無性に涙が出てくる。それが桜である。

きものを着るようになって、私の中に変化が出てきた。桜文様を纏《まと》って、桜と同化したいと考えるようになった。桜の一部になりたいと思ってしまうのだ。もちろん、きものは季節先取りと言われているのは知っている。

しかし、私は和服に描かれた花と共に、生きている桜に会いたいのである。桜の花の満開の下で、桜文を纏うことで、桜と交信できている気になるのだ。花をつけている桜とつながりたい。あるいは、散っていく桜と、その別れを共に惜しみたいのである。私のきものに乗り移って生きながらえる桜もあるかもしれない。

その気持は、訪問着を纏うと一層強くなる。桜の中に自身を埋め込みたくなる。枝垂《しだ》れ桜の大木の下では、たおやかな枝は私の身長まで降りてきてくれる。その花々と、私のきものに描かれた桜が出会う瞬間がなんとも興味深い。私に聞こえない、「桜言葉」で会話をしている気配なのだ。妄想は膨らむばかりである。

きものに桜が描かれていなくてもいい。小紋に桜色の帯を締める。バッグと帯揚・帯締を桜色にする。それで桜に近づく感じがする。あるいは、色無地を着て、桜文の帯を締めるのでもいい。枝垂れ桜の枝が色無地のきものに重なれば、あたかも桜が描かれているかのように、色無地が訪問着に生まれ変わるのである。

京都で最初に話題になるのは、淀水路河津桜だ。淀水路べりが一面に濃いピンクに染まる。次は出町柳駅付近、長徳寺の「おかめ桜」。こちらも濃いピンク。そのころはまだ落ち着いている。だが、枝垂れ桜が咲き始めた、という情報が流れると、人々の心はざわつき始め、関心は一気に京都御苑へと移る。糸桜が花開くからだ。

京都御苑は、京都御所の周囲の土地を公園化した場所で、明治維新までは、公家の家々が建っていた敷地である。現在は環境省の管轄下にあり、季節の花々が咲き誇る公園になっている。春には、梅園や桃園に、紅や白の花を咲かせて、人々は通勤前の朝、もしくは午後に立ち寄り、春を確認する。そして「出水の枝垂れ桜」が花を咲かせた、と情報が入ると、早起きして確かめにいく。誰かがフェイスブックに写真をあげるからだ。

ＳＮＳ時代に入り、人々の桜への思いはさらに掻き立てられているに違いない。誰かの写真を見た途端、心がわさわさしてくる。早咲きの桜の写真がフェイスブックに上がってくる。皆が早起きして撮影し、桜の写真をポストし始める。散る前に自分も行かねば、明日は早起きせねば、出遅れると大勢の人が集まり、人間無しの撮影が難しくなる。ましてや、自分ひとりが桜の中に収まるよう撮ってもらうのは至難の業である。

「出水の枝垂れ桜」とは、京都御苑の西側、下立売御門近くにある桜を指す。１本の大樹が花をつけた姿が、青空に映えて美しい。時を同じくして御所の北、旧近衛邸の糸桜が咲き始める。枝ぶりが糸をひくように天から舞い降りる感じが、いかにもその名にふさわしい。室町時代からと伝わる糸桜が数本あり、淡い紅色・濃紅色、時差があるので、結構長い期間、楽しめる。観光客が訪れるより早い朝、京都の人々は自転車で、あるいは犬の散歩でやってきては、スマホのカメラにその美しい姿を収めていく。

京都御苑に限らない。枝垂れ桜の大樹は京都市内外、同じころに花をつける。東では、出町柳の本満寺、平安神宮神苑、円山公園（祇園枝垂れ）、高台寺、さらに山科に足を延ばせば、毘沙門堂、大石神社、勧修寺《かじゅうじ》、それに醍醐寺。洛北は岩倉の実相院、上賀茂神社、府立植物園、西北は平野神社、妙心寺、洛西は天龍寺、清凉寺、車折《くるまざき》神社、洛中は二条城、六角堂（御幸桜）、洛南は東寺などなど。

ソメイヨシノも咲き始めたら、川沿いに足が向く。鴨川では柳の芽吹きとのハーモニーが美しく、八幡の背割堤、洛中の祇園白川や高瀬川、伏見と岡崎疏水で十石舟に乗るのは観光客かもしれない。ハラハラと桜舞う中、水上を船で進むのもよし、川面が花びらで埋まる花筏《はないかだ》を橋の上から眺めるのもよし。

嵐山の渡月橋や蹴上インクラインもいいが、やがてヤマザクラも加わって、南禅寺、青蓮院《しょうれんいん》、知恩院、清水寺、洛西は妙心寺や大覚寺、天龍寺など、総本山の桜は間違いなく絵になる。木造文化財と桜のかけ合わせが京都ならではの風景を生み出すのである。

「そうだ 京都、行こう。」のポスターを飾った場所も多い。

それらを見逃したとしても、少し遅れて、鴨川で今度は枝垂れ桜が花開き、青蓮院将軍塚青龍殿の枝垂れや、大原の桜が花開く。仁和寺の御室《おむろ》桜は他に類を見ない魅力がある。京都御苑に牡丹桜が咲けば、その下で昼寝をする人々も少なくない。留めは、普賢《ふげん》象《ぞう》桜だろうか。

やがて街は新芽の緑と山吹色、そして藤や菖蒲の紫へと変わっていくが、さすがにそのころには早起きすることもなく、京都の人々は平常心を取り戻し、普通の生活を始めている。

1ヶ月続いた「桜熱」が嘘のように冷め、ちゃんとした日常を送るのである。

寺町通にある本満寺の枝垂れ桜も
桜狩の名所

春は野点の季節
桜の花の満開の下で

いまから6年ほど前の4月。平安神宮近くの白川に浮かべた「茶室」で、私はお抹茶をよばれていた。

風が起きるとふわりと桜吹雪が私たちの上を舞い、茶碗の中の鮮やかな緑の上に、花びらがひとひらふたひら舞い込んで、まるで桜の精になったかのような錯覚に陥った。

まさに至福の時。夢のような時間を過ごしていた——。

ふっと見上げると、地上をひとりの女性が歩いている。あれ？　見覚えのある顔。東京のOL時代の同期にそっくり。数十年ぶりの再会かも。思いきって名前を呼んだ。

目があった。彼女も私を認識した。

「もしかして、京都に住んでいるの？」

彼女は首を横に振って、目をそらせた。偶然に喜ぶわけでもなく、懐かしがるわけでもなく、声を発することもなく、足早に過ぎていったのである。

思いもかけぬ再会に一瞬、心弾ませた私は、しかし、彼女のそっけない反応に困惑した。単に急いでいただけかもしれない。だが、彼女の醸し出した空気には、別の何かがあった。川の上で怪しいことをやっている人々に関わりたくないという軽い拒絶が、余韻として漂っていた。

おそらく私たちが茶の湯を楽しんでいたなどとは想像だにせず、彼女の目には、和服を着て川の中にいる変な集団と映ったに違いない。

この日、私は青の色無地に、八重桜の刺繍帯を締め、紫木蓮《しもくれん》の帯留を持ってきていた。人々の関心が桜に集中するのと同じころに咲き乱れる木蓮は、紅白ともに影が薄い。だから、せめて帯留で愛でてみたくなる。すると「その帯留は何ですか？」と周囲が必ず訊《たず》ねてくる、そして会話が弾むものである。

だが、どうやらこの時、私はもっと前の段階で、交わる機会を逸したらしい。

東山の麓を南北に流れる白川は、京都の名所のひとつ。「水の京都」を体感できる貴重な場所である。とりわけ平安神宮大鳥居の岡崎疏水から、岡崎三条、祇園へと続く岸辺には、柳の新芽と桜色が美しいハーモニーを奏で、夏は、ふわりふわりと蛍が舞う。

お気に入りの空間である。

その白川の一角で、三条界隈《かいわい》に学生が設計した茶室を作ってお茶会を楽しもうという試みが、数年前から始まっていた。主催は「白川あかり茶の湯の会」。そこで茶友の吉田常茗《じょうみょう》氏も席主をつとめるというので、何度かお邪魔した。空いていれば、偶然通りかかった人でも参席できる、地域活性の企画である。

行政公認の行事に限らない。京都の人々は、屋外《アウトドア》で茶の湯を楽しむことが実に上手だ。これこそ、まさに野点《のだて》。大自然の中に身を置いて、四季折々の風を感じたい。一服、お抹茶を点《た》てようではないか。道具も問われなければ、格式張ることもない。魔法瓶にお湯を入れて、茶碗、茶筅《ちゃせん》、茶杓《ちゃしゃく》、建水《けんすい》を籠にしまって、抹茶とお菓子があれば十分である。そのエリアに名水が湧き出ているなら、お湯を沸かす装置も持ち込めばいい。

東京にいたころの私は、野点と聞くと赤い傘の下、赤い毛氈《もうせん》をかけた床几《しょうぎ》（腰掛台のこと）が用意されて、お茶が運ばれてくるスタイルをイメージしていた。だが、京都の茶人たちは、もっとナチュラルでカジュアルな野点を楽しんでいる。場所は、鴨川べり、京都御苑、平安神宮前の岡崎公園、大文字山などなど。桜が咲けば、その下で一服。早朝に咲く蓮の花を見ながら一服。蛍が飛んでいると聞けば一服（京都では街の中の数箇所で蛍が見られる)。とりわけ通勤前の「早朝野点」は密かな楽しみとして広がっている。

京都は抹茶文化都市だとつくづく思う。打ち合わせで伺った先に、東京ならコーヒーが出るところ、「一服差し上げます」と薄茶が出てくる。お寺を拝観しても呈茶席がある(ほぼ有料)。実際、茶舗の価格表でも、京都では最初に来るのが抹茶、東京なら煎茶である。行政主催の市民茶会も多い。神社仏閣の茶室に保存会があり、毎月、釜がかけられる。会員になれば毎月参席でき、ゲストでも受け入れてもらえるのが嬉しい。

花びらが舞い散る瞬間が
白川茶会の醍醐味

年配の京都人の多くには、茶道の心得がある。自分で薄茶は点てられるか、少なくとも茶席に参席したときの作法は身につけている。もちろん、もっと熱心にお稽古している人はいて、相続や子供の旅立ちを機に自宅を改装して、趣向を凝らした月釜を開いている人も少なくない。

静かな茶室でお稽古を重ねると、次第に五感が研ぎ澄まされてくる。素人でも茶室に入れば、湯が沸く音や屋根を打つ雨音に感動したりする。五感が刺激される心地よさを知ったら、自然の中に身を置きたくなるものである。

芽吹き時には草花が会話を始め、紅梅、白梅が咲き、桃や木蓮が紅白の花を咲かせ、やがて桜が満開になる。藤や桐が花をつけると街並みは桜色から紫色に変わり、時折、山吹色や躑躅《つつじ》色が際立つ。それまでに鴬も囀《さえず》りが上手になり、蝶が飛び交い、白鷺・青鷺がすぐ近くにやってくる。川のせせらぎや葉擦れの音が耳に届くようになる。

そんな四季の移ろいを感じたくて京都の人々は自然の中に繰り出し、お茶を点てるのである。新緑や花々に囲まれての野点は静かで風流。大音量で音楽を流しながらお酒を飲んで騒ぐ花見とは、一線を画す。

野点は、一度試したら病みつきになる最高に雅な楽しみ。ビル街のオフィスでも、ロッカーに茶籠を忍ばせ、昼休み、お弁当と共に野点を楽しむことはできる。そんな習慣が、めまぐるしい時間軸で動く大都会でも広がればストレス解消になるのではないか、と密かに期待する私がいる。

大正時代の夜桜文を見て一言「そのきものは死んでへんな」

きもののプロから、彼らのこだわりを聞くのは実に楽しい。手持ちのきものを見てもらうのに良い機会なので、私は和服で出向く。その朝は、こんな会話だった。

「そのきものは？」

――大正時代のアンティークです。

「大正時代のもんやのに、死んでへんな。大したもんや」

きものは、東京で買っていた。銀座のアンティークモール「かわの屋」で。

「代々受け継ぐことができるけど、布には限界がある。やっぱり手入れが重要や。そのきものは、しかし、ええ状態やわ。布が生きてる。でもな、アンティークは自分のとこに来た段階で、ちゃんとせな、あかん」

――何をするんです？

「親のもんなら別やけど、アンティークはな、前の人の思いが強う入ってるさかい、ちゃんと縁を切ってもらわな」

東京にいたころの私は全くもって無頓着だったが、京都に来てからは、購入したら「私のところに来てくれてありがとう」と声をかけていた。だが、それでは不十分ということか。

「いや、あかん。酒と塩やな。室町時代は、業者が寺や神社で縁切りしてもろてから、市場《しじょう》へ出してたんや」

こういう目線で教えてくれるのは、280年以上続く帯匠「誉田屋源兵衛《こんだやげんべえ》」社長である。誉田屋の店は室町通沿い、三条通と六角通の間にある立派な京町家だ。明治時代、彼の祖父が数寄屋にこだわって建てた。その家には染織の神々が宿ると彼は言う。姉とともに、子どものころから目に見えない存在の、気配を感じる現象が多々あったらしい。彼が近年、他の帯匠と違うクリエイティブな帯を生み出してきたのは、そうした染織の神々に動かされているからだ、と彼自身が感じている。

そうした考え方は京都では決して珍しくない。どうやら土地・建物にも、魂は宿ると発想するらしく、不動産関係者は常に慎重だ。

一般に、工事に入る前に地鎮祭が行われる。が、更地になってから祓《はら》うのでは手遅れだ。建物を壊す前に、そこに住み着いている念を解かなければいけない。でないと、邪念の場合はそれが浮遊して、関係者の事故を誘発するケースがある。それが民家であれ、ホテルであれ、劇場であれ、企業であれ、歴史が長ければ長いだけ、関わった人たちの色々な思いが、そこに残っていると考えるらしい。

山桜が描かれた大正時代の訪問着

では、どうしたらいいのか。東京在住の修験者は、丹念に護摩を焚き、お経を上げることで、そうした念を解くことができると話してくれたことがある。

そういえば、節分に聖護院門跡《しょうごいんもんぜき》を訪れたとき、門主の宮城猊下《げいか》からこんな話も聞いている。大勢の人が聖護院に旧《ふる》い御札を持ってやってくる。聖護院境内では夜、それらを燃やすのだが、大切なのは、その前の読経なのだという。山岳信仰を基礎とする修験道《しゅげんどう》には、独特の、祓いの作法がある

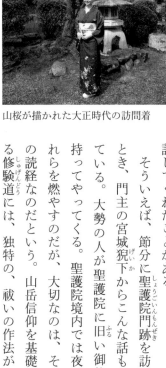

のだろう。

「皆さん、御札を祀《まつ》って1年間、色々な思いで拝んでおられるでしょ。それを燃やす前に読経で鎮めるんです。そうした念は放っておくと悪さをするんで」

京都が特別と感じるのは、そうした意味を一般の人もなんとなくわかっていて、目に見えない存在をリスペクトする習慣が浸透していることだ。魑魅魍魎《ちみもうりょう》の怖さを知っているから、慰めもするし悦ばせもする。人間の力の及ばない何かがこの世に存在する、人間が自然を支配できるわけがないという認識が、代々受け継がれているのである。

土地に対しても、そうだ。不動産を手掛ける人は、「その土地に住む蛇」へ仁義を切ることを忘れない。前出の中井商店のお母さんは、こう挨拶をするそうだ。

「巳《み》ぃさん、巳ぃさん、この土地をいじるさかい、どこかに避難しておいとくれやす」

手に入れた土地の工事を始める前に、その土地に古代より住み続けていた「地主としての蛇」に手を合わせ、かつ、奈良・桜井の大神《おおみわ》神社に参拝するのだという。古代の皇室が畏怖《いふ》したという大神神社の境内には、白蛇が住むといわれる大きな杉の木がある。鳥居の手前の店で日本酒と卵を買い、その杉の前にお供えしてくるというのだ。

たしかに地球では、私たち人間は仮住まい。後からやってきたのだから、「住まわせていただく」という謙虚さは大切である。何の断りもなく、いきなりブルドーザーで土地を掘り起こせば、「巳さん」の怒りを買うという視点はわからないでもない。建物も同様で、数十年のうちには誰かの強い念、悔しい思いが宿っているかもしれない。ちゃんとお慰めすることなく、いきなり建物を破壊すれば、そうした念が暴れだす。そう考えるのは、おそらく先人の知恵。なんとなく理解できる。

では、アンティークきものを手に入れた場合、前の持ち主の念をどうやって解けばいいのだろう。前の柄出しと時短のために、私は帯を二部式に作り替える。最初は業者にお願いしていたが、そのルートが消えた。ゆえに自分でハサミを入れねばならなくなり、必ずお酒とお塩で挨拶をしている。

しかし、結局のところ何が正解かわからない。購入した帯を前に大祓詞《おおはらえのことば》を唱えるとか、「線香の煙」をあてるとか、そんなことしか思いつかず、日々、神仏に感謝を捧げ、私自身の浄化に勤しむしかない。

「死んでへんな」と言われた訪問着が私のところに舞い込んだころは、何も考えず、無邪気に着ていた。前の持ち主が恨み辛みとは無縁の、幸せな人生を送っていたに違いない。そのめぐりあわせに、感謝したい。

花まつりはお釈迦さまの誕生日

森口華弘の孔雀文を纏う

生誕地は名古屋。大須観音と東別院の間あたりで、6歳まで育った。幼なじみの家業は仏壇屋と家具屋。私の父だけサラリーマンという環境で、幼稚園はお寺の付属だった。給食はパンではなく白米。4月8日の「花まつり」には、小さなお釈迦さまに甘茶をかける。それが当たり前の生活だった。

だが、小学1年生で、新興住宅地に引っ越すことになり（東山動植物園から先は当時、山を切り開いたばかりの地）、神仏の行事とは全く無縁の生活が始まった。やがて父が東京へ転勤。世田谷での社宅生活によって、神仏とはますます縁遠くなった。

お釈迦さまに甘茶をかけたのは、半世紀ぶりのことである。きっかけは京都仏教会主催の「おしゃかさまを讃える夕べ」。講演者として登壇させて頂いたからだ。ホテル内に設置された「花御堂《はなみどう》」の小さなお釈迦さまに甘茶をかけた瞬間、にわかに幼き日の記憶が蘇った。そして思い出したのだった、甘茶の味を。

右手で天を、左手で地をさす小さな仏さま（誕生仏）に、なぜ甘茶を注ぐのか。お釈迦さまが生まれたときに天から甘露の雨が降り、そのお身体を洗い清めたことに由来するという。お釈迦さまが誕生してすぐ「天上天下唯我独尊」と話されたとの逸話はにわかには信じがたいが、甘茶をかけるお祝いの仕方は、素敵な表現に思える。そう感じるのも、年齢を重ねたせいだろうか。

花御堂のお釈迦さまに甘茶をかけて祝福する

総本山の多い京都では、4月8日に各お寺で「灌仏会《かんぶつえ》」の法要が行われる。近所の六角堂では本堂前で朝、法要が、妙心寺のような大きなお寺では本堂の中で早朝、僧侶だけで本格的な法要が斎行される。

朝の法要に参列しなくても、大小にかかわらず、色々なお寺で本堂前に花御堂が置かれ、自由に甘茶をかけて、お釈迦さまの生誕を祝うことができる。ネパールのルンビニ花園を模した花御堂は、選ぶ花からアレンジまで、各々お寺の個性が出て、この日、花御堂巡りをするのも楽しい。この日だけ、秘仏を公開するお寺もある。

有り難いことに、講演以来、私は毎年、京都仏教会の「おしゃかさまを讃える夕べ」に参席させていただいている。色々な宗派が持ちまわりで執行される法要を拝見し、手を合わせられるのは貴重な体験だ。同時に、お釈迦さまをお祝いするのに、どんな文様を、何を纏《まと》えばいいか悩むのも、また勉強になる。

母のぼかしの色無地に、平家納経の帯（後述）を締めていったこともある。伊藤若冲の鳳凰《ほうおう》が描かれたきものに孔雀羽根文の帯を締めていったこともある。伊藤若冲は相国《しょうこく》寺《じ》の支援を受けて存分に描いた絵師だからだ。そして最近は、孔雀の訪問着を纏っている。作者の森口華弘《かこう》氏による蒔糊《まきのり》の孔雀文が私のもとにあったこともあるが、仏教では孔雀に意味があることを知ったからだ。

孔雀文――。しかし、私はまたまた京都で失敗をした。無知だった私は、ある対談で、きものの選択を間違えたのだった。いや、間違いというわけではない。が、孔雀文を選んでいれば、さらに話を膨らませられたのに、と悔いているのである。

ある年の初春、聖護院門跡でご門主の宮城泓下と対談させて頂く機会を得た。振り返れば、私はインタビュアの域を出なかったと反省しきりだが、山岳宗教には関心があり、その日を楽しみにしていた。

100人ほどの聴衆が集まる会に、何を着るか、ぎりぎりまで迷った。新春だから空色に梅の訪問着か、あるいは、鈍い青の地に桜色の孔雀の羽根が配され、まるで孔雀を纏ったように見える訪問着か、その二択だった。

森口華弘氏による蒔糊の孔雀文は、もちろん訪問着としては価値が高い。さすがに母の箪笥に人間国宝物は無かったし、森口氏は故人ゆえ新品を手に入れるのは不可能だ。ビンテージきものを扱う「かわの屋」で、つい衝動買いしてしまっていた。その前に東京・竹橋の国立近代美術館で森口華弘作品の数々を見て、目が森口華弘センサーとなっていたのだ。しかも、氏の得意な梅文ではなく、孔雀文。その珍しさも私を誘惑したのだった。残念なのは、色が地味なこと。青は青でもかなり渋い。

他方、梅の訪問着は、青が鮮やかなのだ。晴天を思わせる青は、聴衆の目を引くことを私は知っていた。以前、ユキトリヰの花柄スーツで登壇し、女性経営者の聴衆から、わあ、と歓声が上がった経験がある。過去に京都の新年会で失敗した代物だが、今回は登壇者として纏うのである。聴衆の「掴《つか》み」には空色がふさわしい、と梅の訪問着を選んだ。狙い通り、女性たちから、歓声がわいた。しかし――。

「やはり孔雀がよかったね、もっと強く勧めるべきだった」

終わった後、この催事の企画者から、こう言われたのだった。なんと、聖護院には孔雀明王がおられたのだ。リサーチ不足を恥じた私である。

インドの国鳥でもある孔雀は吉鳥である。あらゆる毒を消すとされている。蠍《さそり》や毒虫、毒蛇（＝煩悩）などを好んで食べるゆえ、戦国武将も、孔雀の陣羽織を好んだ。その孔雀に乗った仏さまが孔雀明王だ。明王のなかでも、やさしく美しい女神である。4つの手には蓮の花や吉祥果をお持ちだ。密教では孔雀明王の秘法もあるらしい。私が孔雀文を纏えば、もっと深い話が展開できたかもしれない。

以来、妙に孔雀が気になってしまう。森口華弘氏の訪問着は普段着にできないが、帯なら気楽に締められる。最近は、ターコイズブルーの羽根に金を交えた白地の袋帯を締めることが多い。かわいい値段のアンティーク帯。肉厚だからと二部式に仕立て、短時間で着られるようにした。だから、よく締める。災いを飲み込んでくれるかも。息災で延命が叶うかも。パワフルなのに美しい孔雀文を纏うと心穏やかになるから不思議だ。

皐月・水無月

天神さんに藤文でもいい？

道真公と藤原氏

あっ。

小紋の着尺に一目惚れしたのは、初めてだったかもしれない。

淡い紫と白の藤の花がびっしり描かれた小紋。濃い紫地に、藤の花々だけでなく、黄緑の葉も描きこまれている。西陣に店舗を移した「紫織庵《しおりあん》」では、壁一面に着尺がディスプレイされているが、藤の小紋がひときわ眩《まぶ》しい光を放っていた。

初夏といえば、普段着は燕子花《かきつばた》の帯で事足りていたし、正式な席ならば、結納のために母が用意してくれた藤の付下げが1枚ある。藤に特に執着がなかった私は、藤をひと房描いた白地の染帯をたまたまウェブでみつけ、何かの折に締めるかもと買い置きをしていた。新品で正絹なのに、目を疑うほどかわいい値段だったからだ。この藤の着尺を見た途端、その染帯が頭に浮かんだ。白地の藤なら、この小紋に合う。「染に織」が、きものの基本といわれているが、「染に染」で合わせてしまおう。

出会いは、平成31年の初めだったと思う。早速仕立てて、令和元年5月1日から着始めよう。御代替わりの記念にしよう、と思い立った。

平成最後の日、私は唐津にいた。「唐津やきもん祭り」に茶友（神戸・光明寺の山西昭義住職）が釜をかけるというので、はるばる唐津まで出向いたのだった。その日は、朱の色無地に、尾長鶏の刺繍帯を締めて参席。そして、翌朝、令和元年初日、跡見《あとみ》の薄茶席で、この藤の小紋を纏《まと》ったのだった。その後、ひとりで唐津城へと向かう。藤の花の名所だからだ。記念撮影はタクシーの運転手さんにお願いした。

さらに私が足を延ばした先は、太宰府。未踏の太宰府天満宮に参拝したかったのだ。唐津から太宰府までは電車だと時間がかかる。初参拝は閉門間際となった。しかし、境内は御代替わりの奉祝で参拝客も多く、御朱印にも長蛇の列ができていた。

だが、なんだろう。なんか落ち着かない。場違いなところに来てしまったような、神さまに歓迎されていないような、居心地の悪さを感じてしまった。

あっ。私が立っているのは、天満宮だ。祀《まつ》られているのは菅原道真公である。太宰府は、彼が京都から左遷された土地ではないか。彼を追いやったのは藤原氏だったはず。

なのに、藤を纏うなんて。藤は、道真公宿敵の家紋ではなかったか。

そんな気まずさを抱えて、太宰府から帰洛した。せめて「藤丸」で和菓子を買えれば気も晴れただろうに、あいにくその日はお休みだった。

初めてなのに着るものを間違えたときの落ち込みよう、傍から見たら異常だろうが、どこで何を着るかは私にとって重要で、その失敗は結構引きずるものである。

藤原氏ゆかりの春日大社、
藤が見事に咲き誇る

菅原道真公は歌に書に秀でた才能を持つ平安時代の優秀な学者で、宇多天皇、醍醐天皇二代にわたってご寵愛《ちょうあい》を受け、学者でありながら政治家として右大臣にまで昇りつめた。政治家のポストが貴族で占められていた時代に、学者が右大臣の座に就くなどとは、異例中の異例であったが、左大臣の藤原時平によって道真公は九州の太宰府に飛ばされてしまう。その後、二度と京都に戻ることはなく、太宰府で命を落とした。

ところが、道真公亡き後、彼を陥れた藤原一族が次々に変死を遂げた。天皇の住居である清涼殿《せいりょうでん》に雷が落ち、やがて天皇までが亡くなった。疫病蔓延や天変地異も続いた。よもや菅原道真の祟《たた》りではあるまいか。都では大騒ぎになった。そして道真公を「天神」（＝雷や天候をつかさどる神）とみなして、平安京を護《まも》る神として祀ることになった。これが後の北野天満宮である。怨霊を鎮めるために神さまとして祀る。この考え方も、京都の基本、いや日本の先人たちの思考回路である。

京都では、北野天満宮と錦天満宮に参拝している。錦市場の東端にある錦天満宮は名水でも有名だが、いずれも境内に一歩足を踏み入れた途端、なぜか梅の気配がするのである。木々が紅く色づく錦秋でも冬枯れでも、梅の花が咲いている気がして、つい目が探してしまう。

【東風《こち》吹かば にほひをこせよ 梅の花 主なしとて 春を忘るな】

菅原道真が太宰府に流される直前、自邸の庭で大切に育てられた梅を前に、この歌を詠んでいる。さすが歌の達人、学問の神さまだ。

だから梅なのである。梅がご神紋なのだ。実際に、年明けから春にかけて梅文を纏って参拝すると、すっと通りがいい。気持ちいいのである。

では、逆に、藤のきものは、どこが相応《ふさわ》しいのだろう。藤原氏ゆかりの神社に行けばいいのか。宇治の平等院はどうだろう。いっそ、奈良まで足を延ばして、春日大社に参拝してみよう。

と思って後に訪れた春日大社では、なるほど、藤の花が美しく咲き誇っている。白も紫も一面に咲き誇る。まるで平安時代の、藤原氏の隆盛を象徴するようだ。そして藤を纏う私も、収まりがいい。

春日若宮に参拝して本殿近くに戻ると、きものに気づいた巫女さんが声をかけてくれた。そして、そこに居合わせた神職さんも。

「藤のきもの、素敵です」

これが、神々からの歓迎メッセージなら、どんなに喜ばしいか。春日大社は藤原氏の氏神さま。ご神紋は「下り藤」だ。やはり藤の文様は春日の神々と共鳴するのかもしれない。

春には、藤の小紋を纏って、京都にある藤原氏ゆかりの神社巡りをしてみよう。おそらく大河ドラマの影響で、藤原氏と縁の深い場所は注目されて混むはずなので、ぐっと早起きして、きものを着よう。藤の気配を探りに行こう。

5月5日、賀茂競馬拝観の帯は馬か菖蒲か二葉葵か

京都に来て初めての5月5日朝、珍しい光景を目にした。麩屋町に建ち並ぶ老舗旅館の屋根が、刀のように細長い菖蒲《しょうぶ》の葉っぱに覆われていたのだ。「軒《のき》菖蒲」を見たのは、その時が初めて。邪鬼を祓《はら》うため、菖蒲にヨモギを添えて屋根を葺《ふ》くのである。

「菖蒲湯」ならわかる。7歳下の弟が生まれてから、5月5日、わが家では「菖蒲湯」に必ず入った。おかげで、いまだに「ひとり菖蒲湯」を欠かさない私である。葉菖蒲は花を咲かせる菖蒲とは別品種。サトイモ科の長い葉っぱは抗菌作用があり、血行促進にも功を奏する。頭に巻けば風邪をひかないと言われたのは、そのためだ。

だからといって、まさか家ごと邪鬼祓いをしようというのか——。

厄落としや魔除けの風習が根付いている京都ではあるが、ここまでやるだろうか。い

や、東京育ちにわからない何か深い意味があるのかもしれない。

鴨川沿い、新緑の加茂街道を目で追いつつ、タクシーで上賀茂神社へ向かった。が、そこで目にした光景は、さらに私を驚かせたのだった。

境内で行われていたのは「賀茂競馬《かもくらべうま》」。文字通り、馬が走って勝負を決める競技だが、ダービーのように何頭も一度に走るわけではない。2頭1組で10頭の馬が競う、930年も続けられている神事だ。

乗尻《のりじり》と呼ばれる騎手は、神社氏人《うじびと》子孫の若者たち。約150メートルを疾走する途中、たとえば「見返りの桐」では、騎手が顔を横に振り向けながら走る見せ場もあり、群集から大きな歓声があがる。この熱狂ぶり・混雑ぶりは『徒然草』にも描かれているほど、平安時代より人気イベントだった。

興味深いのは、誰もが菖蒲を身に纏《まと》っていたことである。乗尻の腰まわりに菖蒲、馬の頭にある緑も菖蒲、神職と馬使いの腰にも、ヨモギを添えた菖蒲がつけられていたのだ。これは何を意味するのか。邪気祓いか、願掛けか。はたまた、落馬防止のお守りか。また、私の脳内は、疑問符でいっぱいになったのである。

そもそも賀茂競馬は、平安時代の5月5日、宮中で行われていた「きそいうま」が上賀茂神社に譲られ始まったもの。騎手が伝統的な舞楽の衣装に身を包み、菖蒲を腰に巻いているのも、その流れをくんでいる。

かつて宮中では節日に天皇が諸臣に酒食を賜る「節会《せちえ》」が行われていた。清少納言によれば、5月5日は特別だったらしい。「菖蒲、ヨモギの香りのする5月は節会の中でも一番趣がある」「前日準備で赤い衣を着て両肩に菖蒲を担いで歩く男子の姿がうつくしい」と『枕草子』に書いているのだ。すなわち5月5日には、その匂いが充満するほど、宮中のそこかしこが菖蒲とヨモギに覆われていたというのである。

乗尻（騎手）も腰に菖蒲をつける

平安時代、「端午《たんご》の節会」には典薬寮《てんやくりょう》（宮内省）から天皇へ菖蒲机《あやめのつくえ》（菖蒲とヨモギを載せた台のことで、後に御殿風のものに進化する）が献上され、皇太子以下には薬玉《くすだま》が下賜《かし》された。午後は、武徳殿《ぶとくでん》で天下泰平・五穀豊穣を祈って「きそいうま」が行われ、勝った騎手は舞楽を披露した。その際、天皇は菖蒲を頭に挿してご覧になり、菖蒲を烏帽子《えぼし》に挿さない者には入城を禁じたこともあったという。この日は菖蒲を纏ってこそ。賀茂競馬は、まさに平安時代からの伝統を踏襲しているのである。

5月5日を「男子の節句」としたのは江戸幕府だ。宮中での「菖蒲信仰」は、鎌倉時代あたりから武家社会にも浸透。音が尚武《しょうぶ》と一致し、葉菖蒲の形が刀に似ているからと、武家社会になじんだと思われる。戦後、男女の区別なく「こどもの日」とされるまで、端午の節句は男の節句。男子の成長と立身出世を願うお祭だった。令和のいまでも五月人形で祝うのは、徳川幕政の名残だ。

ところが、さらに遡れば、日本で5月5日は「女性の日」だったのである。

5月4日夜から5日にかけて女性は家に籠った。あるいは女性が最初に「菖蒲湯」に入ったり上座に座ったりするなど、一家の長としての扱いを受ける特別な日であった。重労働の前に女性を慰労するのを目的とする地域もある。農家では、神迎えの意味もあったのである。

そういえば、文楽の舞台セットでも、菖蒲で屋根を葺《ふ》いていた。『女殺油地獄《おんなごろしあぶらのじごく》』である。

【誰が世に許し定めけん、五月五日の一夜さを、女の家といふぞかし】

という一節を、近松門左衛門は浄瑠璃に込めたのである。

なるほど、旧暦5月は田植えの季節。この日は「忌《い》みごもり」とも呼ばれ、田植えに備えて「女性が家に籠って身を清める日」とされていた。種苗を田んぼに植える早乙女たちが、菖蒲やヨモギで屋根を葺いた仮小屋や神社に籠《こも》って菖蒲酒を口にした。稲の神様のために穢《けが》れを祓い、神聖な存在になってから田植えに臨んだ。菖蒲とヨモギが選ばれたのは、稲作に従事してきた土着の人間の嗅覚からだろう。

では、私はどうしているか。朝早く、マンションの扉に菖蒲とヨモギを吊るし、上賀茂神社で賀茂競馬を拝観する。馬が走るのは午後になるが、朝から神事が色々斎行されるので、早朝から境内へと向かう。

悩ましいのは、賀茂競馬の拝観に何を着るかである。兜《かぶと》と馬の刺繍帯、花菖蒲の帯、あるいは二葉葵（上賀茂神社の御神紋）の帯か。この3択に迷いながら和服を纏って拝観。帰宅後は菖蒲湯に入り、菖蒲酒を飲み、枕の下に菖蒲を置いて眠る。

平安時代の菖蒲信仰を真似て、私はこれらを実践している。

京都では「端午の節句」に天皇人形
虎の帯がいいらしい

「あら、あなたは寅の日に生まれてはる。それも壬寅《みずのえとら》。今度の干支と同じだから、来年はいろいろな意味でチャンス到来ですわ」

平成3年秋。京都で、ある女性鑑定士にそう告げられた。九星気学や風水には詳しい私だが、生まれた日の干支を調べたことはなかった。よって、寅はそれまで圏外。運気アップといわれたこの瞬間から、にわか「虎コンシャス」になった。虎グッズ集め、虎ゆかりの社寺詣でが始まったのである。

虎は毘沙門天《びしゃもんてん》さまのお遣いだ。まず思い浮かべるのは、紅葉が美しい京都・山科の毘沙門堂である。さらに検索すれば、関西圏には虎ゆかりの社寺が数多くあるではないか。都の西を守る松尾大社は（四神の）「白虎」。鞍馬寺には「あうんの虎」。大阪には少彦名《すくなひこな》神社の「張子の虎」。奈良には聖徳太子ゆかりの信貴山《しぎさん》の「三寅」がある。さっそく虎めぐりを始めた。それには虎文の帯を締めて参拝したい。帯探しに躍起になった。

——みつかった。それも大好きな伊藤若冲の「猛虎図」である。

ネットで行き着いたその店には、円山応挙の描いた虎もあった。版権の切れた名画などもインクジェットで帯に写しているようだ。生地は絹ではないが、その分、値段もかわいく手頃だ。受注生産ながら、1本だけ、若冲の帯が在庫ありと出ていた。地色が黄《き》支子《くちなし》の「猛虎図」。迷わず購入した。

虎ゆかり社寺詣でで最も興味深かったのは、奈良の山中にある「信貴山」だ。宿坊を伴う真言宗の「朝護孫子寺《ちょうごそんしじ》」は、小規模な高野山のようで実に楽しい。境内各所、虎が配置され、身を置くだけでパワーチャージされる魅惑的な空間だ。

「三寅参り」は12年に一度、寅歳、寅月、寅日に開催される。毘沙門天が出現されて聖徳太子を勝利に導いたという伝説の

「猛虎図」を描いた伊藤若冲は京都生まれの絵師

もと、三寅の日の、寅の刻に執行される法要に、全国の寅歳生まれが殺到するのである。寅歳ではなく寅日生まれの私は肩身が狭く、ベテラン勢に混じって宿坊で仮眠をとり、夜中の3時から法要に参列した。もちろん和服を着て若冲の虎の帯を締めて。それは、ご住職の美声が響き渡り、参列するだけでエネルギーみなぎる見事な法要だった。

そんなことを興奮しながら話していたら、思いもかけぬ助言をもらった。

「普通、干支のもんは、正月からせいぜい2月くらいまでやわ。それと、年末の送り干支として使えるわ。そやけど、虎は特別、端午《たんご》の節句にも使えるで。うちの母は、菖蒲の帯に虎の帯留してたわ」

こう語るのは、節句コーディネーターのイベールこと、伊部寿夫氏である。彼は船場がルーツの商家に育った大阪のギャラリストだ。いまや鉄筋に生まれ変わった谷町の自宅で、四季折々歳時ごとの室礼《しつらい》や床飾りを続けることをライフワークにしている。「端午の節句」の床飾りを見せてくれるというので、虎の帯を締めて訪れたのだった。

いやあ、驚いた。人形の数に圧倒される。京都でも店先に五月人形を飾ったり、先祖代々の人形を飾って公開してくれたりするのだが、人形がここまで揃ったのは見たことがない。思えば、船場は谷崎潤一郎『細雪《ささめゆき》』の世界。戦前は京都の商家よりも財を尽くして都の文化を取り入れてきた商家の暮らしぶりが、その室礼から伝わってくる。

なにせ人形の種類が多いのである。見たことのない人形がたくさんいるのだ。あ、応神天皇の人形。ああ、その母君である神功皇后《じんぐう》も。あれ、金鵄《きんし》を携えているのは、まさかまさかの神武天皇ではないか。目移りするばかりである。

実は京都の商家でも、洋装の明治天皇と応神天皇の人形を見ている。関西では、5月の節句飾りに、天皇の人形を並べる家が多い。戦国武将ならともかく、なぜ――。

「天皇さんはちょっと東京に行っただけや。いずれ京都に戻ってきはる」

京都では、よく耳にする言葉だ。東京から移住または転勤してきた人々が、最初にぶつかる壁かもしれない。明治維新でちょっと江戸に行っただけの「天皇さんが帰ってくる」とは、最も理解しづらい感覚だろう。

実際に暮らしてみると、京都がいまでも京都御所を中心にまわっていることに気がつく。左翼色の強い学校教育を受けた東京育ちの私なぞは、歴代天皇の名前を覚えることにすら罪悪感を抱いて大人になった。だから、天皇が中心にある京都人の皮膚感覚になんとか追いつこうと必死だ。でないと、江戸時代までの日本の歴史がよくわからない。

それが五月人形にも表れている。一番偉いのが大将さん（＝天皇さん）、天皇さんが不在のときは、(具足《ぐそく》として) 鎧兜を真ん中に据え、武者人形や動物の「毛植人形」、薬玉などの有職造花が飾られる。これが関西の「端午の節句」床飾りである。

ケウエ人形――。

初めて耳にした言葉だ。

要は植毛なのだが、本物の動物の毛に似せて、スガ糸で1本1本植えつけて作った動物人形をいう。その細かい作業ができる職人が消えて、新たに作ることは不可能だ。昔ながらの逸品毛植は二度と手に入らぬ貴重品らしい。伊部邸の飾りには、馬と虎と鷹が複数、並べられていた。

虎――。そう、虎の帯を締めていい理由は、この「毛植人形」にあったのだ。しかも、若冲の描いた猛虎そっくりの顔立ちである。実は、京都で公開される五月飾りにも「虎」はいた。私が見逃していただけらしい。毛植ではなく張り子だったりするのだが、天皇さん不在でも、小さめの五月人形飾りに、虎はしっかり鎮座している。由来は、加藤清正にあるらしい。

この年、5月にも虎の帯を締めてみたが、なるほど多くの人々が反応してくれた。それが寅歳のせいか、若冲のせいか、端午の節句のせいか。大活躍の若冲「猛虎図」だった。

御所観覧席には葵文が勢ぞろい
葵祭にはお決まりなのかも

京都では年に一度、平安貴族の装束を目の当たりにできるチャンスがある。「葵祭《あおいまつり》」だ。新緑を背景に歩く平安絵巻さながらの行列は実に美しく、女子の心を鷲掴《わしづか》みにする。「葵祭」の正式名は「賀茂祭《かもさい》」。『源氏物語』「葵の巻」にも登場する。「六条御息所《ろくじょうみやすどころ》」が恨みから生霊《いきりょう》になって正室「葵上」を死なせてしまう話だ。きっかけは「車争い」。祭の前儀「御禊《ぎょけい》の儀」（川の水で手を浄める禊）見物で、御所車を停める場所をめぐっての従者の乱闘から始まる。紫式部が乱闘の場面に選ぶほど、葵祭はメジャーな祭だった。

葵祭は現在、5月15日、賀茂競馬《くらべうま》の10日後に斎行される。十二単衣を纏う斎王代《さいおうだい》を中心に、牛車、女人列など、王朝絵巻と見間違う行列500名が朝、京都御所を出て、下鴨神社、上賀茂神社へと向かう。その行列をもって葵祭と思い込む人も多いのだが、祭の本意はそこにない。国家安泰を願う「天皇陛下の御祭文《ごさいもん》」を、遣いである「勅使《ちょくし》」

が両賀茂社で読み上げ、神さまからのお返事を持ち帰る、国を挙げての「勅祭《ちょくさい》」なのだ。当日は、社殿の御簾《みす》にも、神職の冠・烏帽子《えぼし》にも行列に参列する人々にも、葵と桂がつけられる。いずれもハート形の可愛らしい葉っぱ。ゆえに「葵祭」と呼ばれる。葵は古代、「あふひ」と呼ばれ、神さま（＝ひ）に逢えるという意味なのだという。

さて、私にとって人生初の葵祭観覧は、京都御所の特別招待席から。葵祭を理解するには、まず京都御所の出発を見よと、建礼門前の特別観覧席券を渡されたのである。行ってみて、びっくり。絢爛豪華《けんらんごうか》な和服を纏《まと》ったご婦人たちが集っているではないか。しかも、きものが葵、帯が葵、誰も彼もが葵文《もん》。もしかして、京都で葵祭を観たければ、葵文を纏わないと駄目なのかしら。

翌日から、「葵文探し」が始まった。あのころ、なぜか市場《しじょう》には葵文が無かった。あったとしても、葵が焦げ茶色などで描かれた帯くらい。ときめかないのだ。せっかくなら、新緑を思わせる、若々しい色使いのものを纏いたい――。

ようやく出会ったのは、葵桂が織られた紗の反物。「紫織庵《しおりあん》」で、コート用着尺として売られていた。「紫織庵」は当時、新町通の三条を下ったところにあった。令和3年にグッチのバンブーハウスになって注目を集めた。武田五一設計の洋館も併せ持つ立派な京町家が魅力で、建物目当てで見学に訪れる人も多かった。が、私はもっぱら襦袢《じゅばん》と浴衣を求めて足繁く通ったのだった。大正時代の型友禅には面白い図柄が多く、見るだけで心ときめき、気づけば、そのほとんどを買い占め、私の家にあふれている。

その日、目の当たりにしたのは真っ白な紗の着尺に、少し大きめの葵の葉が浮き出ているもの。ようやくの出会いに、私の瞳は爛々と輝いていたに違いない。これを深い青緑に染めてはどうだろう。紗は透ける夏きものの生地。5月だから、そのまま紗として纏うのは早すぎる。だが、紗袷《しゃあわせ》ではどうか。紗袷は5月半ばから6月、そして9月に纏う。下に別の紗を当てれば、そのズレ具合から紗袷のように見えるのではないか。

そもそも紗袷に憧れがあった。40代のときに訪れた祇園のバーで、元芸妓の老姉妹が黒の紗袷を着ていたのだ。粋だった。かっこよかった。その後、母の形見をどう着たものかと東京で呉服屋めぐりをしたとき、老舗デパート呉服売り場で紗袷の在庫を問い合わせた。が、出てきたのは、小豆《あずき》色とかねずみ色とか、地味な色ばかり。私の脳内には、女性誌で檀ふみさんが纏っていたカクテル「ブルーハワイ」的な青の紗袷が住み着いている。ああいう鮮やかな色はないか訊ねると、店員は冷たくこう言い放った。

「東京で派手な紗袷なんか置いても売れ残るだけ。京都で探したらどうですか」と。

そうなのだ。素敵な紗袷をみつけること。それも京都ミッションのひとつだった。自分で好きな色に染めたらいいのかも。手探りながら、私の「お誂《あつら》え」冒険が始まった。

一般に、紗袷は、絵が描かれている絽《ろ》の上に紗を重ねて、その透け感を楽しむものだ。が、私は、葵の織を活かしたいので、葵のある生地を青緑に染め、下に白の紗を持ってきて紗が重なるズレ感を出したいと考えた。前例のない提案に、「紫織庵」社長は首を傾《かし》げていた。が、失敗しても自己責任でぜひ、と懇願したところ、アキオ流の紗袷ができあがった。意外に面白い出来だと、引き受けた職人さんも感心したという。

深めの青緑は神職さんの狩衣《かりぎぬ》の色にも似て、神社の境内でも収まりがいい。さっそく翌年の葵祭には、白銀の市松文の袋帯を締めて参列。が、2年後には葵文の名古屋帯を締めた。袋帯は重すぎるからと探し歩いたのだ。

元来、収集癖のある私。こうして私の葵文探しは止まることを知らず、仕舞いには唐織の袋帯まで買い込むことになる。同時に葵の着尺に出会う確率も高まり、辻が花の訪問着は東京「かわの屋」で、全体に葵が描かれた小紋の着尺は「紫織庵」で、ほかに印伝の飛び柄小紋、黒地に白い葵を描いた絽の小紋、といった具合に増えるばかりだ。

が、私のような神社好きにはちゃんと出番が用意されている。二葉葵は賀茂社のご神紋。辻が花は肉厚で秋冬の神事参列にて、葵の小紋は葵祭取材で大活躍だ。朝、脚立を持ってカメラ抱えて走り回り、午後は招待席に座るという流れ。招待状には「不敬でない服装で」とあり、「神事は、きもので参列」とする私的信条を貫くため、仰々しくない小紋を選ぶ。報道枠で和服は十分に異端だが、葵文だからと、私はそれで通している。

「あなた、いつも葵祭に来ているでしょ。葵のきものを着て。覚えているわよ、私」

コロナ禍で縮小版の葵祭当日、「勅使」がお祭文を読み上げる神事のあと本殿前で祈っていると、あるご婦人に話しかけられた。

葵祭の行列では、この車を牛が引く

「あなたのミッションは日本の伝統文化を世に広めること」

と最後に言い残して去っていった。

彼女は何者だったのだろう。

その日は偶然、「鞍馬寺」の「五月満月《うえさく》祭《さい》」とも重なり、京都全体が異次元空間のような、不思議な神気に包まれていた。

紅葉の名所は青楓も美しい
紬は仕事着、お召は別格

「アキオさんは、紬《つむぎ》は着ないんですか？」

最近、ご縁ができた呉服店の女性からこんな問いが飛んできた。

そういえば、京都に来てから、紬を着る機会がめっきり減った。はんなり系に目が慣れてきたこともあり、自分で買うのは柔らかものばかりである。

母の箪笥には、紬もたくさんあった。大島も結城も、いろいろと。とりわけ大島を纏《まと》った母の姿が記憶に鮮やかだ。私が幼いころに流行したのだろう。大島にありがちな細かい幾何学文に加え、黒地に緑の大胆な柄が描かれていたり、黒地に山吹色の大きな雪華が描かれていたり、いずれも昭和までは家で母がよく着ていた。白大島を纏った母の着姿もかすかに思い出す。

東京では「市田」の塩尻氏に相談していた。池田重子さんの復刻帯がきっかけだった。

最初はスーツケースに大島紬を詰め込んで出向き、彼に見てもらった。私は黒地のその変わった文様に血が騒ぎ、彼は赤黒の幾何学が珍しいと言う。黒地に大胆な柄は、昭和40年代に流行したらしい。赤黒の幾何学織も、赤を探している人がいるから譲ってくれないかとさえ言われた。黒地のものは、母も気に入っていたのだろう。胴裏のシミはひどかったし、裾回しも擦り切れていたので、洗い張りに出し、仕立て直した。

大島は軽く、ひんやりして、纏うと気持ちいい。当時はここまで暑くなく、5月と10月にぴったりだった。しかし、いかんせん地味である。特に泥大島は老けて見えるのだ。ならば、鮮やかなエメラルドグリーンの八掛《はっかけ》をつけてはどうか。既製品には無い色なので染めることにした。初心者にしては大胆な実験。袖口と裾を派手にするだけで、急に明るい印象に仕上がった。

こうした面白い柄行《がらゆき》の大島は、いずれも戦前呉服屋に嫁いで目利きだった祖母が選んで買っていたはずである。母は祖母と二人で、あるいは従姉妹たちも加わって、大島を所有していることを誇らしげに話していた。結城よりも、圧倒的に大島。祖母の形見分けでも、二人の叔母（叔父の妻）たちの関心は大島紬に集中するほど、お姉さま世代には人気なのだ。

ところが、京都では、紬を着ると、どうも具合が悪いのである。茶の湯では、織りのきものはNGと言われる。それは東京でも同じだ。くわえて、京都では、こんな風に言われてしまうのだ。

「京都では、紬は仕事着。大昔なら、紬は使用人のきものだわねえ」

たしかに、旅館や料亭の女将さんたちも、高級な紬を粋に着こなしている。お客さまが柔らかものだとしたら、シャキシャキ動く女将さんは、仕事着として紬を纏うのも筋が通る。私も取材では、紬のほうが都合よかったりする。柔らかものなら黒系を選ぶ。洋服なら、客がドレス、女将がパンツスーツみたいな印象かもしれない。

そして、同時に、こうも言われるのだ。

「織でも、お召《めし》は別ですよ。お茶席でも着られます」

お召――。母の衣装箱にたくさんあった。

名前は、江戸時代に十一代将軍徳川家斉が好んで着用した「将軍のお召物」から来ているという。正式には御召縮緬《おめしちりめん》。明治時代になると一般の人々も御召を着用するようになったらしい。明治期は御召こそ正装。少なくとも戦前までは、御召と言えば「いい着物」という位置づけだったという。

生糸に特殊な撚《よ》りを掛けた通称「御召糸」と呼ばれる撚糸を用いたお召は、先染めだけれど紬とは別物だ。柔らかものとは真逆の、パキッとした感じで、しかし、男っぽくもなく、適度に品がある。私は、東京では好んで纏った。このパキッと感のせいか、家にあるのは、単衣《ひとえ》がほとんどである。

私が着付けを習い始めたのが6月、単衣の季節だった。なので最初、単衣仕立ての母のお召をよく着た。濃い藍は秋にまわしたが、白茶色の2枚のうち、袖丈が1尺5寸の赤黒の線で描かれた立涌文《たてわくもん》は、最初から出番が多かった。やはり母の娘時代の赤黒幾何学文の帯を合わせて出歩いた。

お茶席も大丈夫というのだから、薄茶席に着たことがある。東京では立礼《りゅうれい》席へ、京都では庭の美しい橋本関雪記念館へ寄せてもらった。

見た目涼しげな白茶色のお召は、そう、日傘とも相性がいいので、つい、でかけ

瑠璃光院は本来、燃えるような床もみじが有名

たくなる。この季節の狙い目は、紅葉が美しいお寺だ。初夏には青楓のみずみずしさがたまらない。緑を背景に、白茶色が映えるのである。たとえば瑠璃光院。ここは、秋には外国人でいっぱいになる。窓の外に加え、床と机に映り込む紅葉で赤が倍になり、誰もが、その映える写真を撮りたがるのだ。床に燃えるような紅葉が鏡のように映される現象を「床もみじ」というが、青楓の季節は「床みどり」と呼ぶ。

最初に床もみじを見たのは、洛北・岩倉の実相院門跡だっただろうか。床みどりも絵画のように美しい。庭の緑が具体的なのに、青楓が映る床は水鏡のようだった。色々なお寺で、それを楽しむことができる。特に初夏の青楓はさほど知られておらず、人が少なくて心地いい。つまるところ、紅葉がきれいなお寺は、青楓も美しいのだ。

秋の紅葉で知られる東山の永観堂。こちらは、青楓のみならず、堂内すべてが木下闇《こしたやみ》のようで、床に映る緑だけが闇に浮かび上がる。人も柱も黒いシルエットなのに、庭の眩《まぶ》しすぎる緑と、床に映る幻想的な緑の対比がまた美しいのだ。

最近は気温が高いので、洛北を訪れたい。涼をとるなら、神護寺《じんごじ》や貴船神社の自然の紅葉もいいし、大原三千院のように整えられた庭では、苔とダブルで堪能できる。6月になれば、単衣のお召でさえ暑いかもしれない。ぜひ5月のうちに。

夢にまで見た95歳の職人技
「蜘蛛の巣文」を纏う意味

それは、東京・赤坂にある、草月会館での出来事。いや、事件だった。

女優の宮沢りえさんが、純白の小石丸を纏《まと》って階段を降りてきた。まるで天使のように。ご本人はもちろん、彼女の纏う布が得も言われぬ眩しさを放ち、誰もが息を呑んだ。

開催されていたのは、京都の帯匠「誉田屋源兵衛《こんだやげんべえ》」による「かぐや、この繭。『小石丸』展」。皇室が小石丸を解禁することになり、産地の業者から相談を受けた誉田屋が、日本の原種「小石丸」の復活と継続に乗り出すこととなった。その発表の場。皇后陛下が丹精込めて育てられてきた特別な繭「小石丸」が一般に解禁されただけでも大事件なのだが、それを女優の宮沢りえさんが纏い、一段と価値を高めたのである。三笠宮殿下も、その仕事ぶりを見に訪れた。宮家にとっても歴史的な出来事だった。

しかし、私の感動は、そこにはなかった。同時に展示されていた紗《しゃ》の織物が、私の心をざわつかせたのである。まさに釘付け――。しばし離れられなかった。

「雨あがり」。その織物はそう名付けられていた。黒糸で織られた紗の袋帯。その透け感だけでも目を奪われるのに、真ん中に黄金の蜘蛛が1匹。あたりに円網を張り巡らせている。その曲線の描き方が実にたおやかなのである。蜘蛛の糸1本1本が雨滴を載せてキラキラと眩しい。水滴の輝きは、銀糸を用いて掬《すく》い織という手法で表現したと後で知った。共に描かれているのは、桃色のアザミと白いドクダミ。その取り合わせにも驚かされた。

社長と思しき人物に勇気を出して訊《き》いてみた。

――この帯は、売って頂けるのでしょうか。

「あかん、二度と織れへん作品や」とそっけない一言。和服を纏い、頭は剃髪。眼光鋭いその容姿に圧倒されて、私はそれ以上、訊くことはできなかった。

だが、帯の残像は、私の脳裏から離れることはなく、何度も何度も夢に現れたのだった。日本にいるときはもちろん、ワシントンDCに中年留学している間も、あの帯が私の脳に浮かんでは消え、色褪せることはなかった。

それもそのはず、その帯、大ベテランの帯職人が95歳のときに完成させたのだという。

社長の山口源兵衛氏は、職人を追い詰めて、追い詰めて、自分の思いを表現する帯匠だったのである。この帯が完成したとき、ベテランの職人に、「もう二度と織りたくない、勘弁してくれ」と言わしめた作品だった。後に１０２歳で旅立ったのだというから、いまとなっては遺作、最高傑作である。

誉田屋源兵衛は創業２６０年（当時）の老舗。その帯匠について帰国後ネット検索しても、何も出てこない。惟一《ゆいつ》の手がかりは、展示を企画した東京のギャラリーだった。

蜘蛛の巣の雨滴は掬い織で表現

その女主人が月下氷人となり、あの帯がめでたく私の手元にやってきた。

その直後、誉田屋源兵衛氏に正式に面会。話を聞きたいと京都に呼び出されたのだ。室町三条下ルの誉田屋源兵衛本社は、明治に建てられた京町家。足を踏み入れただけで、その荘厳さに圧倒された。そして、赤坂で冷たく断られたときの、剃髪と鋭い眼光が私を怯えさせていた。

ところが、お会いしてみると、実に楽しくにこやかで温厚な人柄。そして、語り口は熱い。私がなぜ蜘蛛の巣に興味を持ったのかを知りたかったのだという。

彼はそのころ、蜘蛛の巣文に執着していた。彼の纏う着物にはすべて蜘蛛の巣が描かれ、蜘蛛の巣の研究に勤しんでいたのだ。コシノ三姉妹の母で、NHKの朝ドラ『カーネーション』のモデルとなった小篠綾子さん（故人）との友情関係にも及んだ。二人とも「蜘蛛の巣リスペクター」だったのである。

小篠さんもやはり蜘蛛の巣文のきものをお召しだという。彼女の関心は、蜘蛛の巣がもたらす「人の縁」にあった。スパイダーズ・ネットには人と人をつなぐ力があると感じておいでらしい。有望な政財界の若者に蜘蛛の巣文のネクタイを送ったりすると、たちまち彼らの運気があがり、活躍し始めるのだそうだ。

人を引き寄せるという意味では、『古事記』や『日本書紀』に登場する「衣通姫《そとおりひめ》伝説」が近いかもしれない。彼女は衣を通しても輝くほどの美女であるがゆえにそう呼ばれるのだが、和歌の名手でもあった。

【わが夫子《せこ》が 来べき宵なり ささがねの 蜘蛛の行なひ 今夜しるしも】

帝を待ちわびた姫が、蜘蛛が軒端に巣をかけるのを発見し、今宵こそは、と歌を詠むのである。蜘蛛の巣をみつけると待ち人に逢える、と当時は考えられていた。

しかし、社長のこだわりは、古代史諸説にあった。『平家物語』にも登場する土蜘蛛は、成敗された土着の豪族たちの怨霊の集合体で、そのエネルギーを表す説。北陸の白山比咩《め》神社の神が「黄金の蜘蛛」を眷属として使う説。土蜘蛛が実は国津神《くにつかみ》だという説。白山神は、天津神《あまつかみ》と国津神の両方を統合する国魂《くにたま》だという説などなど。黄金の蜘蛛を中心に据えたモチーフは、まさに彼の好奇心であり、執念だったのだ。

もちろん、東京で暮らす40代の私には、とうてい理解できない話だった。しかしながら、いまの私には納得がいく。京都に来て色々不思議な現象に出会うたび、私の関心のベクトルも古代史に向かっていくのだった。

私自身は、いまだに白山比咩神社に参拝したことはない。が、福井にある平泉寺白山神社には何度か訪れている。美しく苔むす境内。そこに身を置くだけで、どれほど心洗われることか。アクセスが簡単ではないので和服で参拝したのは一度きり。それも収穫の秋だったので、稲穂の帯を締めていた。

もしも、黄金の蜘蛛をモチーフにした「雨あがり」の帯を締めて参拝したら、なにか不思議なことが起きるだろうか。それには夏帯が似合う季節でなければならない。

茅の輪くぐって夏越の大祓
どこでも「水無月」厄払い

京都の人は古典の中で生きている。『源氏物語』の出来事も、『百人一首』に詠まれた風景も、子どものころから目の当たりにしてきた。古典文学を理解するにも、大学受験をするにも、京都の人が有利ではなかろうか。実に羨ましい。

【風そよぐならの小川の夕暮れは禊《みそぎ》ぞ夏のしるしなりける】

（旧暦6月末は現在の8月初めなので）楢《なら》の葉が風に揺れている。「ならの小川」は秋のように涼しいが、禊はまさに夏の神事。そう、まだ夏なのだ。と藤原家隆が詠んだ。

この歌の舞台は、洛北にある上賀茂神社である。詠まれている禊は、夏越《なごし》の祓だ。例年、6月30日の夜、上賀茂神社では、ならの小川にかかる橋殿の上で、大祓詞《おおはらえのことば》が唱えられるなか、神職二人が、参拝客の人形《ひとがた》を1枚1枚、指ですばやくリズミカルに川に流していく。神社で人間の形を切り抜いた白い紙を見たことがあろう。あれが人形である。

その紙をもって、からだの悪いところをさすり、息を吹きかけて箱に入れるように指示されている。この人形は「自分の穢《けが》れを移す身代わり」である。

水面に舞い降りた人形は、ゆっくりと下流に流れていくのだが、その水の中に立てられた薪から炎が降りかかる。まさに「火」と「水」で、人形が禊を受けるのである。流されていく人形のどれかは私自身の身代わりだ。初めての年、水面をじっとみつめながら、水無月《みなづき》には流水文の帯を締めようと決めた私である。

「大祓」とは、古代から続く、半期に一度のリセットだ。6月に入ると、京都の人々は神社で茅の輪をくぐり、三角形の和菓子「水無月」を食べる。新年に初詣で頂いた神気は半年の間に濁ってくる。その穢れを祓おうというのは先人の知恵だ。穢れの大掃除を経て暑い夏を乗り越え、後半戦を健やかにエネルギッシュに過ごそうというのである。

上賀茂神社の茅の輪設置は6月10日

「夏越の大祓」そのものは6月末日に多くの神社で斎行される神事だが、茅の輪は中旬頃から境内に設置され、朝から閉門まで、自分のペースでくぐることができる。茅の輪は、茅がやという草で編んだ直径数メートルの輪。その脇には、次の歌を唱えながら、8の字にくぐるよう指南されている。

【水無月の 夏越の祓する人は 千歳《ちとせ》の命延ぶというなり】

唱え詞《ことば》は神社によって違ったりするのだが、左、右、左と3回、8の字にくぐるのが作法とされるのは共通していて、どうやら浄化と再生につながるらしい。だが、なぜ茅の輪をくぐるかの答は、疫病退散にまつわる伝説が関係している。話はこうだ。

あるところに兄弟がいた。旅に出た素戔嗚尊《すさのをのみこと》（かつては牛頭《ごず》天王とされていた）は、裕福で立派な家に暮らす弟を訪ね、滞在を申し入れたが、ケチで意地悪な弟は、その申し出を断った。素戔嗚尊は次に、兄である蘇民将来《そみんしょうらい》の家を訪ねた。蘇民将来は、貧しいながらも狭くみすぼらしい家に泊めて、粗末な粟飯でもてなした。素戔嗚尊は蘇民将来に言う。「後に疫病が流行るが、蘇民将来の子孫であると名乗り、腰に茅の輪を巻きなさい。そうすれば疫病から救われる」と。実際、このあと疫病が蔓延し、意地悪な弟はもちろん、一族全員病死。蘇民将来の一族だけが生き残り、後の世まで繁栄した。

古《いにしえ》から伝わるこの話はもっと複雑で、時代とともに詳細は変わっている。だが、裕福で利己的な人が命を落とし、貧しいながらも他人を助ける人こそが生き延びる——。このシンプルな美談が現代まで残り、実は疫病退散を祈る「祇園祭」も、この伝説がベースにある。

茅の輪だけではない。からだの内側からも祓おうと考えるのが京都の人々である。白い外郎《ういろう》の上に小豆の乗った三角形のお菓子がそれで、名を「水無月」という。この「夏越の大祓」定番菓子は最近、黒糖味や抹茶味も作られ、東京でも売られているようだ。けれども、京都では色付きは邪道、あくまで白にこだわる。三角形の白い外郎は「切り出した氷」を表すからだ。

かつて宮中の貴族は「氷室《ひむろ》の節会《せちえ》」に氷を食べて暑気払いをした。山の洞窟に氷室を作り、冬の間に蓄えていた天然の雪氷を、御所まで運んで天皇に献上したという。御所車に載せて、うやうやしげに運ばれる氷は、市井の人々には高嶺の花。「氷」への憧れを外郎に、その上に悪魔祓いの小豆を載せて、「水無月」というお菓子に仕立て上げて味わったという。

実はこの通説には謎が多く、頼りになるのは、江戸時代、麦を用いた蒸し餅をねじって小豆を載せた「水無月蒸餅」を宮中に納めたという「虎屋」の記録くらいである。「氷室の節会」と合体させて、いつ形が三角になったのかわからない。確かなのは、今日に至るまで、「夏越の大祓」定番菓子として不動の地位を保っていることだ。

京都に来て最初の6月30日、訪れる先々で「水無月」が出てきて驚いた。毎年毎年、どこもかしこも、「水無月」だらけなのである。さすがに自分でも飽きた気がする昨今だが、しかし、一度も食べないとなれば、具合が悪い。最低ひとつは、6月末日に「水無月」を口にしたくなる。しかも、白いのを。

ならば、かき氷に悪魔祓いの小豆を載せても、水無月の役割は果たすはずである。そう言い訳しながら、6月の暑い日には、頻繁にかき氷を口にしている。ならの小川を意識しながら、流水文の帯を締めて。

「明日から祭なんだから、
取材も当然きものだよね」

京都に来て初めての祇園祭の前日。6月30日のことだった。

「明日から祭なんだから、取材も当然きものだよね」

7月1日から1ヶ月続く祇園祭をきっちり取材したい。ツテを辿って、八坂神社の森宮司（当時）に繋いでもらい、前日に斎行される「水無月の祓《はらえ》」神事からの参与観察を許可された。その初日の出来事だった。

その日の私は、白いスーツで参列。神事としては失礼がなかったはずだ。だが、祇園祭の取材では和服を着ないといけないという。明日から毎日きもの。取材にふさわしい夏のきもの。大丈夫かな、私――。不安でいっぱいになった。

この言葉を発したのは、宮本組の組頭《くみがしら》・原悟氏である。宮本組は祇園町の旦那衆を中心に構成され、祇園祭の神輿渡御《みこしとぎょ》の際、八坂神社のご神宝を持って神輿を先導する。その様子はNHKでしばしば放送されてきた。たとえば『神とのりおの雨の夏―祇園祭1151年』では、コロナ禍で神輿渡御を中止にするかどうか神社と話し合い、中止にするならば代わりにヒモロギ（神の依代）へと神々にお遷《うつ》り頂き氏子地域を練り歩こうと決める過程が描かれている。その際、炎天下、日々歩き続けたのは宮本組の面々だった。

祇園祭は、山鉾巡行と神輿渡御の二本立てである。世界中の織物を纏《まと》った山鉾は「動く美術館」として広く報じられるが、八坂神社の祭としては夕方からの神輿渡御が本命である。八坂神社の神々が神輿に遷り、氏子地域を巡る際、神輿を先導するのが宮本組の旦那衆だ。ご神宝を持つ白い装束の若者たちも初々しいが、その前を練り歩く旦那衆の白麻紋付袴姿がまた、美しいのである。

原氏は、黒七味で知られる原了郭の代表である。あの調合法は一子相伝で男子に伝えられてきた。が、本業とは別に、代々祇園祭に奉仕もしている。神輿を先導する「久世《くぜ》駒形稚児《こまがたちご》」が立ち寄るのも原了郭だ。番組では「祇園祭に命をかけている」とまで語ったくらい、祇園祭への思いは熱い。私に助言した時点では未だ組頭ではなかったが、しかし、彼の祇園祭愛と情熱、それに気迫が当時から溢れ出ていた。だから「祭は和服で取材」も、説得力を持って私に響いたのである。

実は、宮本組の役員たちとは東京時代から面識はあった。「水無月の祓」神事参列の前に、能舞台脇の斎館《さいかん》の扉を開けて驚いた。知った顔が3人座っているではないか。原悟氏のほか、「鍵善」の今西知夫氏、「かづら清」の霜降茂央氏（故人）とは、ある書塾で、きょうだい弟子だった。東京にいた私が彼らと言葉を交わしたのは先生の還暦の祝宴での一度きり。落ちこぼれ塾生の私は先方からは上達しないヤツと認識されていただろうが、しかし、私の側は彼らの顔をしっかり記憶していた。知人の助言。重く受け止めた。

「きもので取材」――。さて、何を着ようか。

いや、言うほど夏きものは多くない。母の形見は、絽《ろ》の小紋と「幾何学文の上布」と藍の「宮古上布」、祖母からのは、白の「越後上布」と青い絽の「鮫小紋」。東京「かわの屋」で購入した絽の小紋。京都「紫織庵」で買った、焦げ茶の「琉球絣《かすり》」と黒いが透け感のある「絹芭蕉」。それに、小紋に見える浴衣が数枚。私の嫁入り仕度、紗《しゃ》の色無地は真っ赤で取材に不向き。大胆な柄もふさわしくない。色は地味めで、訪問着のように大げさではなく、どことなく品格がある小紋を着るべきだろう。

京都の夏は暑い。乾燥肌の私でも、汗だくになる。夏きもので取材となれば、朝昼晩、3着ずつ必要となる。結局のところ、帰宅してシャワーを浴びて着替え、仕切り直しては外に出た。山鉾町の近くで暮らしているのが幸いした。いや、このために、ここで暮らしているのかと思うほど、シャワーを浴びて着替えて、涼しい顔で出かける。最初の3年くらいは必死だった。若くもあった。

　夜は洗濯に明け暮れた。洗える絽の襦袢《じゅばん》が重宝した。麻の襦袢はもちろん洗濯可能だ。祇園祭、最初の数年は上布《じょうふ》（麻）をよく着た。東京から祇園祭通《がよ》いをした折、宵山（巡行前の数日）で出会った、女将さんたちの上布姿がなんとも素敵で憧れだったからだ。あんな風に着たい。少しでも近づきたい、そう思って頑張って上布を纏った。だが、どうにも暑いのである。麻の襦袢に麻のきもの。襟がふわっと重なり、かえって熱がこもる。鎖骨あたりがむわっとするのである。むしろ昔の絽のほうがバチ衿《えり》で涼しいとさえ感じ始めた。

　次第にバチ衿仕立ての浴衣を選ぶようになり、神事やお茶席など特殊な状況でなけれ

絹芭蕉に龍文の帯。八坂神社は青龍の地

ば、いまは浴衣を中心に動いている。もちろん、小紋と似た染めの、「おとな浴衣」限定ではあるが、宵山で山鉾の町会所や町家の奥座敷を訪れるには、気の利いた文様の浴衣が涼しくていい。鉾が建てば、ご亭主も浴衣だったりするので、失礼にはならない。

とはいえ、最初の3年くらいは、浴衣は選ばなかった。どんなに暑くても、絽の小紋か琉球絣か絹芭蕉か上布を纏った。

結果、門前払いは食らわなかった。記者証を持たない身分に限界はあったが、和服によって違和感が少し減っていたように思う。つまりは、関係者と間違えられたか、わざわざ和服を纏《まと》う手間暇と努力を買って、少しだけ門戸を開いてくれたかのいずれかだった。きものを着ることで、祭の間、ハードルが下げられた気はしている。

あくまで「よそ者」の私だが、不慣れな和服を着て勉強中というオーラに助けられたのかもしれない。汗だくで半ズボン姿の普段着男子よりは、拒絶されにくいといえよう。場違いな文様は仇になるが、たとえば歳時や祭を意識した文様ならば、取り合わせに頭を使った努力を、ちゃんと読み取ってくれる。

祭は和服で取材。そう助言してくれた原氏に心から感謝している。

文月・葉月

母の形見に次々反応
距離感に戸惑ったらビール

ラリマーという石がある。青い海と白い波が混在したようなブルーの石。ドミニカ共和国でしか採れないラリマーは、ある時期まで日本では未だ希少で、アメリカ取材の合間に探し歩いた。不思議なことに、指輪でもペンダントでも、その石を身につけていると、必ず見知らぬ人に話しかけられる。

このきものを纏《まと》ったときも、同じ現象が起きる。忘れもしない。あれは京都に来て初めての夏の日——。

烏丸御池の近く、東洞院姉小路あたり、現在のエースホテル（新風館）界隈《かいわい》を歩いていたら、二人のお姉さまたち（芸妓さんではない）がこちらを見ている。じっと見ている。そして何か話している。

30メートルくらい離れた距離だが、他には誰もいない。彼女たちの眼差しが注がれているのは、明らかに私だ。きっと私の着方がおかしいと話しているに違いない。紅白に黒い帯のコーディネートが合わないのかな。

その日、私は祖母の箪笥に残っていた母の絽《ろ》の小紋を着ていた。白地に赤の小さなダイヤが描かれ、遠目には、楕円のドットにも絣《かすり》のようにも見える。洗い張りに出したのだろう。パーツごとに丸められ紐で括《くく》られていた。だが、問題はあった。汗じみのせいか、赤がにじみ出ていた箇所があった。それを背中の帯に隠れる位置において仕立ててもらった。その離れ業を東京・世田谷の住宅街にあった「いその」(磯野商店)にお願いした。父が東京に転勤になってしばらく社宅暮らしをしていたころ、近所にあったその店のショーウィンドウを母は見ていた。私の嫁入り支度に用意してくれたきものの何枚かは、ここで誂《あつら》えたものだった。母が旅立ち、手探りで形見のきものを研究するにあた

夏に涼をとる雪華文は
京都でも話題になる

り、私はその店の敷居を跨《また》ぎ、教えを請うていた。赤の滲みは見事に隠れ、結果、この距離では、それを指摘されるはずはない。

では、帯はどうか。形見のきものも帯も数はあれど、合う帯があるとは限らない。最初はアンティークを色々買って試してみた。そのころ締めていたのは黒の絽の帯。お太鼓には1本の大木が織られ、銀色でホタルが飛んでいたものだったが、明治の織物はさすがに寿命が来て、近くで見ると布が傷んでいる。けれども、これだけ離れていたら、そこまで見えないはずなのだ。

私なりの妄想が頭の中を巡っていると、女性のひとりがこちらに向かって声を発した。

「かわいらしいきものやね」。そう叫んで、手を振ってくれているではないか。

あれ？　褒められたの？　私——。

そういえば、以前も某女将さんに「そのきもの、かわいらしいね。そんなん、いまは無いから、ええわ」と言われたことがある。特に夏きものは、若々しい柄が減っている中、戦中戦後生まれの女性には、その価値がわかるのだろうか。とまれ、行きずりの女性たちは、母のきものを褒めたのだった。

他方、京都では男たちも、きものにうるさい。「祇園祭が始まったら、取材も当然、きものだよね」と言ったのは祇園旦那衆のひとり。以来、取材でも和服を着ているのだが、汗をかくので、襦袢《じゅばん》を毎日洗っていたのだった。

折しも参議院選挙の季節。遊説場所の市役所前に行ってみると、黒山の人だかりができていた。安倍総理（当時）が応援にやって来るからだ。祭なら場所を確保して撮影に臨むところだが、元来、混雑は好きではない。しかも、この暑さだ。御池通をはさんで反対側の喫茶店に入ってアイスコーヒーを飲むことにした。本能寺ホテルの隣である。

ひとりで座っていると、私の隣のテーブルに座る中年男性二人組が、何か言いたそうにこちらを見ている。この歳になって、いまさらナンパ？　まさかねえ。

「絽の着物は暑いやろ」と、いきなり、ひとりがこう声をかけてきたのだ。

え、そこ？　そりゃ、さらっとした肌触りの上布のほうが涼しいに決まっている（と当時は思っていた）。でも、まだ1枚しか持たなかった麻の襦袢は前の日に着て、洗って干している。よって上布は断念。絽の襦袢に絽のきものを選んだのだった。見知らぬ人にそれをグダグダ説明するのも格好悪い。どう返そうか。京都新参者の私の表情はきっと困惑に満ちていたに違いない。逡巡するうち、それ以上会話して親密になることもなく、時間が過ぎた。

総理の演説が終わると、しかし、私は彼に上手に切り返しのできなかった自分をもてあましていた。とりあえず、ビールを飲んで考えよう。プレミアムモルツのハーフ&ハーフを飲むには三条烏丸「伊右衛門サロン」しかない。サントリーが経営するそのカフェは当時、京友禅の老舗「千總」の1階にあった。窓際にPCコーナーが設けられ、検索しながら「ひとりビール」が楽しめた。7月は祇園祭月間。お神輿《みこし》が氏子地域を巡る夜は、この三条通を通る。店が下河原に移るまで、三条烏丸のその店は貴重な待機スポットだった。

何だろう。あの妙な突っ込み。旧知の仲のような距離感。私の頭は、先の喫茶店での出来事に支配されていた。せっかくお姉さんたちに褒められて喜んでいたのに、やっぱり京都は、不可解だ。地元の党関係者なのだろう。スタッフの札を下げていた。実家が呉服関係だったりするのかもしれない。彼らは、きものそのものには言及しなかった。あれは季節の挨拶みたいなものなのか。

数年後、別のきもので似たような経験をするのだが、私のなかではラリマー同様、「コミュニケーションのきもの」と位置づけている。

舞妓ちゃんもすなる「無言詣」祇園祭限定の願かけ

「無言詣」。祇園の舞妓さんたちの間で伝えられる願掛けである。

祇園祭で、八坂神社の神々がお神輿3基に遷《うつ》って町の中に滞在される1週間、毎晩通いつめ、お神輿に手を合わせて計7回拝むと、願いごとが叶うというものだ。

ただし、祇園から四条大橋を渡ってお神輿までの往復で、「誰とも口を利いてはいけない」という条件つきである。

毎年、7月に斎行される祇園祭。天高く突き抜けそうな鉾が華やかな懸装品《けそうひん》を纏《まと》い、低いけれど真松とご神体などを載せた山と共に、祇園囃子《ばやし》を奏でながら、ゆっくりと町の中を巡っていく。あれがすべてだと思い、観光客は昼過ぎには帰ってしまう。京都で暮らすまで、私もそれが祇園祭だと思い込んでいた。

だが、違った。夜の部があるのだ。いや、八坂神社のお祭としては、夕方からが本番なのである。八坂神社に祀《まつ》られている神々、すなわち素戔嗚尊《すさのをのみこと》と、その妻、8人の子どもたちが3基の神輿に乗って鴨川を西に渡り、氏子地域を巡って、四条寺町にある御旅所に7日間滞在、人々を疫病などから守る。氏子たちはこの間、鴨川を渡らずとも神々に手を合わせて無病息災を祈り、感謝を伝える。つまり、祇園祭とは、朝始まる山鉾巡行と、夕方から深夜にかけての神輿渡御《とぎょ》との、二本立てだったのである。

さて、鴨川の西側に神さまが滞在するということは、祇園の舞妓さんからすれば、神さまが遠くなったということである。通常なら、八坂神社は祇園町からすぐ。アクセスは簡単だ。だが、その1週間は、四条大橋を西に渡って御旅所まで行かねばならぬ。それ相応の距離である。そこに往復「無言」という課題が乗っかれば、7晩通うのも試練だ。途中でご贔屓《ひいき》の旦那に会うかもしれないし、友人に出くわすかもしれない。先方から声かけられでもしたら、どうしようかしら。無視すれば、愛想無しと嫌われ、お座敷に声がかからないかもしれない。そうした障害を乗り越えての熱心さに応えて、神さまが願いを叶えてくれる、というのが「無言詣」。祇園に伝わる伝説なのだ。

そんな話を聞いてしまったら、私の好奇心が止まらない。よそ者なれど京都人になりたい私は、京都に来て最初の夏、「無言詣」に挑戦することにした。挑戦と呼んだのは、人と会わずに往復するのが容易でないからである。幸い、我家から御旅所までは歩いて15分ほどの距離。新参者に贔屓の客も知り合いもなかったが、マンションの住人は別である。たとえばエレベーターで誰かと鉢合わせしたら、挨拶しないわけにはゆかない。そこで、23時半を狙った。もっと夜中なら誰にも会わないだろうが、夜道を女ひとりで歩くことが怖かった。京都の夜道は暗いのである。治安は悪くないが、それでも不慣れな町で夜中の2時3時のひとり歩きは勇気がいる。

さて、23時半。そぞろ歩きの流れで浴衣のまま下駄を履いて、お財布とスマホを籠に入れて、御旅所へ。無事、誰にも会うことなく徒歩15分。四条通に出るとパッと明るくなる。通りの向こうの御旅所は提灯《ちょうちん》と黄金のお神輿で、ぴかぴかに眩《まぶ》しく神々しいのだ。四条通沿いの御旅所に神々がいらっしゃる1週間、ここはミニ八坂神社と化す。神職さんが夜間勤務、交代で張り付いている。お神輿の手前には低い柵があり、その前に蝋燭立てが設けられている。厄除け粽《ちまき》を買うこともできるし、蝋燭も大中小、何本でも購入できる。お神輿が3基あるのだから、いまは蝋燭を3本立てているが、新米の私は真ん中の素戔嗚尊に1本立てるだけだった。

問題は買う瞬間である。「1本ください」と言っては「無言詣」にならないのだ。そこで、蝋燭を取り出し、人差し指を立てて百円玉を置くことにした。すると先方は、「100円のお収めです」とか「ようお詣りでした」とか色々口にされるので、本当に困ってしまう。いくら私が黙っていても、話しかけられたら、「無言詣」といえないのではないか。目を合わせただけでもダメなのか。相槌を打つのはどうか。よくわからないまま毎晩、私の「無言詣」は続いた。だが、その時はやってきた。

5日目だっただろうか。ベテランの神職さんが私の顔を見るなり、「あ、こんちは」と私に声をかけてきたのである。そ、そんなあ。見知らぬ若い神職ではない。邪険にできない重要人物だ。でも、なんで話しかけるかな。挨拶しないと失礼かな。でも、ここで話し込んだら、家に戻って振り出しからやり直さねばならないのかな。どうしよう。

とりあえず無言で会釈だけして、お神輿の神々に手を合わせ、家に直帰。再び御旅所を訪れることはなかった。そして後日、八坂神社境内で、その方に私はこう伝えた。

「先日は失礼いたしました。無言詣だったので……」

「ああ、わかってましたよ」とニコニコ顔で応えてくれるではないか。

嘘でしょ。わかっていたら、お願い、話しかけないでほしかった。

ああ、なんということだ。やはりあの日、会釈したから、ダメだったのかな。もう一度、家から仕切り直すほうがよかったかな。と後になって、グズグズ考えてしまった私である。というのも、心願成就が半分だけ叶ったからだ。

実はこの夏、前年に上梓した『スウィング・ジャパン――日系米軍兵ジミー・アラキと占領の記憶』が山本七平賞の候補作として残れるかどうかの瀬戸際だった。9月初めにめでたく候補5作に残ったが、月末の最終選考会で、正賞は逃した。

思うに、候補作に選ばれた段階で、まず本殿で八坂の神々に感謝を捧げ、改めて正賞に選ばれたい旨お願いすべきだったのだ。

神々は四条の御旅所に7日間滞在

感謝のない無礼な人間に、神々が次のギフトをくださるということはない。神社は本来、穢れを祓ってもらい、日ごろの無事を感謝するところである。万が一何かお願いした場合は、必ず「お礼詣」をすることが何より大切なのだ。あの夏、京都に来たばかりの私はまだ、その基本がわかっていなかった。

祇園祭宵山そぞろ歩き
駒形提灯の帯が話題

「ねえ、二階囃子《ばやし》、もうやってる?」

7月の初め、鉾が立つ前に、各鉾町の2階でお囃子の練習が始まる。6月から始めている鉾もあるので、待ちきれない友人は、鉾町に近い私に問い合わせてくる。

祇園祭ファンは皆、1日も早く「二階囃子」を聴きたい。階下に佇《たたず》んで、お囃子を楽しみたいのである。偶然通りかかった人たちも、自転車から降りて、しばし聞き入る。

疫神を誘い出して悦ばす祇園囃子だが、人を引き付けてやまない不思議な魅力がある。

コンコンチキチン、コンチキチン……。何を読んでもそう表記されている。

実際の音は少し違う気もするのだが、鉦《かね》の音が少しでも聴こえると心がザワつく。笛だけでは物足りない。あの鉦の音に笛が乗って、太鼓が引き締めている感じ。それが祇園囃子だ。

前祭《さき》の鉾建ては10日から始まる。長刀鉾《なぎなたほこ》の場合、午前中に八坂神社の神職が大祓《おおはらえの》詞《ことば》など唱えて清祓の神事を行い、鉾の中心を支える長さ21メートルの柱・真木《しんぎ》などを清める。それを受けて、鉾の胴体部分は、「縄がらみ」と呼ばれる伝統技法で組み上げを始める。釘を使わず稲わらを編んだ荒縄だけで櫓《やぐら》を固定するのだ。

翌日には真木建て。ビルの6階まである長い長い鉾が、梃子《てこ》の原理を使ってまっすぐにできあがる。翌朝、重層な掛物を四方に取り付けて、昼過ぎに完成。午後は「曳き初《ひぞ》め」という試運転が行われる。前祭《さき》では鉾の曳き初めが時差で行われるので、一般人は追いかけるのに忙しい。曳き初めに加わると1年無病息災でいられるといわれ、なんとか綱を引きたいと願っているからだ。

駒形提灯《ちょうちん》が灯されるのは、翌日の夜から。これがなんともいいのである。提灯の数も色もワット数も、山鉾によって違う。もちろん、提灯に描かれている文字は、山鉾のロゴともいうべき鉾町紋だ。夜ひとり静かに歩くのもよし、遠方からやってきた友人を案内するもよし。祇園囃子を聴きながら、駒形提灯を眺めるときの恍惚感。山鉾の合間を縫って彷徨《さまよ》う時間が実に狂おしい。

中まで入って天井の絵などを見てみたいが、長刀鉾や北観音山など、女子の搭乗が禁じられている山鉾もある。「祇園祭は男のもの」という現実を突きつけられてメゲはするのだが、長刀鉾の場合、授与品購入によって会所の2階までは上げてもらえるので、女子はそこで鑑賞できる。同じ目の高さで間近に奏者を眺めながらお囃子を聴ける至福の時は、何物にも代えがたい。いつまでもいつまでも聴いていたいと思う。

宵山そぞろ歩きをしていると多くの人に遭遇。年々知り合いが増えていることを実感する。変なこだわりを持った「よそ者」が今年は何を着るのか、批判も含めて関心が集まる。そんな中、誰もが反応するのが、駒形提灯の帯だ。

女子なら、「こんなん、どこでみつけたん」と興味を示してくれ、普段、私を変人と思っているはずの男性でも、「いやあ、ええやん、これ」と呼び止めてくれる。地が黒なので、駒形提灯が夜空に浮かび上がるかのようだ。多分、帯を見るだけで、祇園囃子が聴こえ

駒形提灯の間を歩くのが宵山の醍醐味

てきそうな、宵山ドンピシャの帯なのである。前は高張提灯、お太鼓は駒形提灯に加え、垂れ先には粽《ちまき》が描かれている、もう、それだけで女子の間でテンションあがりまくり。たとえば南観音山の某奥座敷でご一緒した芸妓さんたちも、帯の後ろであれやこれや。いきなり会話が弾むのである。

山鉾町にある旧家の奥座敷で祇園囃子を楽しむ——。これが叶うのは、かなりの特権階級である。鉾町の夏座敷ほど魅力的な空間はない。床は網代《あじろ》に、簾《すだれ》を吊り、葭戸《よしど》をはめて、実に涼しげだ。暑いながらも、坪庭を時折風が抜けてくれたりすると、わずかな空気の振動に感動さえ覚える。そこに身を置きながら、お囃子が聴こえてきたりしたら最高だ。もちろん代々続く旧家の奥座敷に上げて頂くには、ご当主とのご縁が必要ではある。ともすれば、それができる旦那は、芸舞妓さんを伴って奥座敷を訪れたりする。

しかし、たとえ中に入れなくても、誰でも外から屏風飾りは見られる。山鉾町の京町家が表の格子をはずしたりしているからだ。先祖代々伝わる屏風などを飾りつけた座敷が開放され、見知らぬ人でも視覚的に楽しめる。そこには、鍋島緞通《だんつう》が敷かれていたり、1メートルほどの鉾のミニチュアが置かれていたり、大量に檜扇《ひおうぎ》が生けられていたりする。「屏風祭」が俳句の季語になっているゆえんだ。

屛風の前に立派な檜扇の花――。祇園祭のマストアイテムである。どこを訪れても、玄関先に、あるいは床の間に、檜扇が飾ってある。名前の由来の檜扇とは、骨が檜の薄板で作られ、十二単衣《ひとえ》を纏《まと》う宮中の姫たちが用いた高貴な扇子のこと。葉が強く放射状に重なる形が似て、先に黄色やオレンジ色の花を咲かせる。少し生けるのも、大量に生けるのも、その空間次第といえようか。扇の起こす風が、邪気と暑気、両方祓《はら》ってくれればとの願いが込められているのだろう。毎年、あちらこちらで見かけるうち、自分の部屋にも無いのが不自然と感じるようになった。この季節、どこの花屋でも扱っているので、一輪だけ飾っている。それでも、十分末広がりで、邪気祓いされそうだ。

宵山の締めは、日和神楽《ひよりかぐら》である。祇園囃子の屋台ともいうべき日和神楽がお囃子を演奏しながら鉾町を抜けて御旅所に向かう。翌日の巡行の無事を祈るのが目的で、前祭では長刀鉾に限って八坂神社の舞殿に収まるお神輿の前で演奏をする。ファンは日和神楽についてまわる。至近距離で祇園囃子を聴く最後のチャンスである。

さあ、明日はいよいよ山鉾巡行だ。ビニールをはずしたタペストリーとともに、「動く美術館」が都大路を巡行する。早起きさせねば。

朝は山鉾、夜はお神輿
綿絽の浴衣がもっとも涼しい

祇園祭に引き寄せられて私は京都にやってきた。そう断言できるほど祇園祭が好きだ。7月の1ヶ月、毎日毎日神事・祭事を追いかけ、終わればロスになるなんて、よほどの縁がなければあり得ない。日ごろ八坂神社本殿前で手を合わせながら、私を呼び寄せた存在は誰なのか問うてみることがある。最初は中央に鎮座される素戔嗚尊《すさのをのみこと》と思っていたが、最近は、妻の櫛稲田姫命《くしいなだひめのみこと》かもしれぬと感じることもある。そうした思い込みが、私を祇園祭に掻き立てるのだ。

17日と24日は、1年で最も長い2日である。早朝の山鉾巡行から、夕方の神輿渡御《みこしとぎょ》、深夜の宮入まで、すべてを追いかけねばと、妙な使命感を背負っているからだ。結果、当日深夜にはヘロヘロで、翌日は放心状態。「祭オタク」の実態である。

17日朝9時前。四条烏丸交差点における車の往来が止められた。いよいよ山鉾の出発である。車がいないその空間に、長刀鉾が、町会所前から後退してくる。見上げれば、空を突き抜けそうなほど高くまっすぐ伸びた鉾頭の先に、長刀がきらりと光る。先頭にふさわしい神々しさ。威風堂々とした姿を見ているだけで胸が熱くなる。

浴衣姿の囃子方と稚児係50名ほどが梯子で鉾にかけ上がり、禿《かむろ》二人も乗り込む。やがて、強力《ごうりき》の肩に乗った稚児が赤い傘を差しかけられながら四条通を鉾に向かってゆっくりと進む。梯子を上がる途中で振り返ると、群衆から大きな拍手が起きる。巡行の間、この高さから身を乗り出して稚児が披露するのは、太平の舞だ。

エンヤラヤー。扇子を用いた音頭取りの掛け声に、長刀鉾が動き出す。ぎぎぎ。みしみし。車輪の軋《きし》む音が漏れるたびに一瞬、不安になる。釘1本使わず組み立てられた鉾は重さ10トン。木製の車輪4つで支えて動くのだ。交差点で直角に方向転換する「辻回し」などでは、竹と水だけでまわす。まさに伝統技術である。この技法を編み出した先人たちの知恵。令和になっても機械に頼らずアナログの技を連綿と繋いできた人々の心意気を思うと、さらに感動して涙が出そうになる。

祇園祭は疫病退散の祭でもある。先人たちは、疫神を鉾や真松などに集めて他所《よそ》に流そうと考えた。天高く伸びた鉾を揺らしながら集め、あるいは真松などを揺らしながら集め、1基、また1基と動いていく。ゆらり、ゆらーり。灼熱のアスファルトの上を進む山鉾風流《ふりゅう》は、東山を背景に「蜃気楼のように」浮かび上がる。シルクロードを渡ってきたであろう重厚で鮮やかな絨毯《じゅうたん》は商人の贅《ぜい》を尽くして集めたものばかり。その絢爛《けんらん》豪華な姿を商業ビルのガラスに映しながら、ゆらり、ゆらーり。なんて美しいのだろう。

祇園祭は1150年以上の歴史がある。財を投じ、手間暇かけて続けてきた町衆のエネルギーはいかほどか。どれだけ多くの人が関わり、多くの時間を割いて斎行していることか。そのプロセスを追いかけるにつけ、頭が下がる思いだ。彼らを動かしているのは、神と先祖へのリスペクトだろう。ここまでの懸装品《けそうひん》を目の当たりにすれば、それを選んで集めた先祖に対し、嫌でも尊敬の念が生まれるものだ。それが町衆のプライドを支えている。彼らが山鉾の前を練り歩く姿にも、室町界隈《かいわい》の呉服商たちの誇りと美意識が現れている

綿絽の芭蕉葉文。山鉾背景には
藍の浴衣が合う

のだ。「よそ者」の「祭オタク」は、世界一の祭を直に見るだけで、日本に生まれてよかったと感激してしまう。

見どころはたくさん。色々な場所で観察してきたが、ここ数年、最後は新町通でお迎えする。狭い通りを山鉾が下る際、京町家なら2階と鉾の距離が近く、かつては鉾から粽《ちまき》を放り投げたという。そんな昔の祇園祭の風景にフレームインしたくて、ご縁を探したのだった。幸い、チャンスは巡ってきて、とある京町家の2階にあげてもらった。後半、「岩戸山」の囃子方《はやしかた》さんが、こちらに粽を投げてくれた。なんという幸運だ。

「アキオさん、浴衣着ていたからだよ」

と友人は言う。たしかに、その町家に集った人のほとんどは洋服。しかも、その時間帯、1階のエアコンの効いた部屋にいた。2階に残ったのは私くらい。浴衣だから、目についたと思う。そう、私は、必ず浴衣を着る。朝も夕も浴衣を纏うのだ。

「祭の取材はきもので」という一言に縛られた私は、巡行の日は、浴衣。何があっても浴衣なのだ。ひとつは、誰かの写真にフレームインしたときに、浴衣だと様になるとの配慮から、もうひとつは、巡行の人々と共鳴したい思い。鉾に乗る囃子方は皆、浴衣なのだから、私も浴衣で繋がりたい。それも綿絽《ろ》の。色々な生地を試した結果、巡行と神輿渡御は、綿絽の浴衣がもっとも涼しい。だから私はそれを選んでいる。

さて、二本立ての祇園祭、夕方からは神輿渡御だ。神輿に乗られた神々が、いよいよ鴨川を渡って氏子地域にやってこられる。そのプロセスを追いかけるために、一旦帰宅してカメラを充電。別の浴衣に着替えて八坂神社へと向かう。境内には、宮本組の旦那衆が揃っている。彼らはお神輿を先導するのだ。

18時。八坂神社石段下に3基の神輿が集結する。担ぎ手の法被の白が東大路を埋めつくすなかに、神々が遷《うつ》られた金色の神輿が浮かび上がる。重さ2トン。重厚な飾りのついたお神輿は、作り直すなら1億はかかるといわれている。

その夜、お神輿3基は氏子地域を巡り、最後は四条寺町の「御旅所」に収まる。7日間、神々は、町中《まちなか》に滞在。そして24日にお帰りになる。その朝は山鉾12基が巡行。夜、お神輿が八坂神社へご帰還になるのは、深夜ぎりぎりである。

ハイライトは、そこからだ。神さまが本殿に遷られる瞬間が、神々しくて素敵なのである。境内が真っ暗になり、和琴《わごん》の音だけが響き、神々が本殿に戻っていかれる。

東京一極集中の日本で、ここまで濃く美しく熱い祭が京都で斎行されていることがどれほど尊いか。この国の未来を照らす一筋の光を、私は祇園祭に見るのである。

神の子が召し上がる「稚児餅」
鉾の夏帯を締めてご相伴

祇園祭の鉾が描かれた夏帯を京都で探し続けて10年。最近ようやく出会った。それも京都ではなく、神戸の「きもの百科イトカワ」で。聞けば、仕入れ先は他府県という。絽《ろ》に5基の鉾が描かれた帯。浴衣の上ではもったいない。さあ、これを、いつ、どこで締めようか。

「あの粽《ちまき》って食べられないんだね。古いのを返しているのを見て、初めて知ったわ」と京都の若者が会話しているのを、毎年耳にしている。京都在住の若者でも粽の意味を知る人は少ないようだ。

祇園祭に、山鉾町や八坂神社で売られる粽は、和菓子ではない。1年間、軒下に掲げる「厄除け粽」である。夏越《なごし》の祓《はらえ》「茅の輪くぐり」の進化系と考えていい。「茅の輪」を編む植物「茅萱《ちがや》」で笹の葉を巻き、各鉾町の名前とともに「蘇民将来《そみんしょうらい》子孫也」と書かれた護符がつく。旅する素戔嗚尊《すさのをのみこと》（かつては牛頭《ごず》天王だった）を助けて疫病から免れた「蘇民将来伝説」がベースにあるからだ。茅の輪を腰に巻く代わりに、粽を玄関に掲げることで、「蘇民将来子孫也」の護符が疫神を跳ね返すと信じられている。

7月に入ると、各山鉾町で粽の袋詰め作業が始まる。できることなら、山鉾町に居を構えたかった私。物件がみつからず、隣の隣の隣町暮らし。どうにか氏子地域ではある。「ご縁」を頂き、ある鉾町で何度か袋詰めのご奉仕をさせて頂いた。笹を巻いている茅萱が切れていないかをチェックし、「蘇民将来子孫也」の護符をまっすぐに伸ばして袋に入れる。「よそ者なれど氏子」の私にとって至福の時間である。

船鉾中心の鉾の帯で中村楼へ

【あやかれや 長刀鉾の 籤《くじ》とらず】

粽の一番人気は、先頭を行く長刀鉾だ。この即中斎（表千家13代家元）の書が印刷された長刀鉾の飾り扇は、名だたる店でみかける。山鉾巡行の順番はくじ引きで決まる。しかし、長刀鉾はかねて、くじは取らずに先頭と定められてきた。鉾の先に長刀を掲げて先頭を行く。その風格にあやかろうと、長刀鉾の粽に殺到するらしい。販売開始は、たとえば今年は13日8時半から。長い長い列ができる。

その朝は、長刀鉾町にとっても特別だ。化粧を施され、きらびやかな装束に身を包んだ「稚児」が会所から登場。強力《ごうりき》の肩に乗って群衆の頭上あたりを進み、白馬に跨《また》がる。

「きゃあ、お稚児さんや」「見られてラッキーやわ」

と、粽に並ぶ人々は撮影を始めたり、家族に電話したりして忙しい。

彼は報道陣と群衆の注目を浴びながら、長刀鉾町役員ご一行が先導する形で、四条通を東へ、八坂神社へと白馬で向かう。巡行当日、先頭を行く長刀鉾の上で、「稚児」は両脇に禿《かむろ》を従え、「太平の舞」を舞う。平穏な暮らしと疫病退散を祈り、鉾から身を乗り出して舞うのだ。長刀鉾保存会によれば、その大役ゆえに八坂神社に参拝して、正五位少将と同等の装束を纏《まと》い奉仕するお許しを神から頂くのだという。

神事を経て、「神聖な存在」となった稚児は、その日から地に足をつけてはならない。強力と呼ばれる男性の肩に載せられ、南楼門の外で白馬に移る。

最初に訪れるのは「中村楼」である。八坂神社南門鳥居内にある料亭だ。そこで「稚児餅」とともに主人の呈茶を受ける。鳥居内にある「中村楼」は、500年ほど前、八坂神社（祇園社）の表参道にあった「二軒茶屋」のうち1軒が残り、現在まで続いている。この日の朝、「中村楼」は男手のみで調整した「稚児餅」を朱塗りの神膳に盛って八坂の神々に奉じ、その後、最初に食するのが「神に認められた稚児」というわけだ。実は、「稚児餅」を口にするのは、長刀稚児だけではない。神輿《みこし》を先導する白い装束の「稚児」二人も、その日の午後に社参する。彼らは京都市の西南、久世にある「綾戸《あやと》國中《くなか》神社」の氏子で、「久世駒形稚児《くぜこまがたちご》」と呼ばれる。

「ねえ、久世稚児は馬に乗ったまま境内に乗り入れてもいいの、知ってた？」

「そうそう、長刀鉾の稚児は、馬から降りているのに」

「だって、神さまを首から下げているんだよ。駒形の。だから神の子なんだ」

祭オタクの間では、そんな会話が飛びかう。

「あの『久世駒形稚児』が八坂神社に乗り入れるまで、神輿を動かしてはならない。それを守らないと必ず疫病が流行すると古文書に書かれているんだって。怖いね」

「駒形は神さまの荒御魂《あらみたま》で、八坂は和御魂《にぎみたま》という位置づけらしい。難しいなあ」

「綾戸國中神社は昔、『牛頭天王社』だったんだから、そこに謎を解く鍵があるかも」

と、祭オタク泣かせの祇園祭。奥が深過ぎて、来年も追いかけることになる。

ところで、神の子らが食する「稚児餅」、一体どんな味がするんだろう。

嬉しいことに、社参の翌日からは一般客もお相伴にあずかれる。私は祇園祭の締めくくり、31日の「夏越祭」の後、中村楼隣接の喫茶「二軒茶屋」で毎年頂いている。細長い形のお餅を、先端を2本に割った竹串で刺し、白味噌を塗って両面を焼いたものだ。焼きたては実に美味。抹茶とともに呈される。

今年も「夏越祭」で茅の輪をくぐった後、「二軒茶屋」を訪れた。そこには知った顔がズラリ、「祇園祭オタク」ばかり揃っているではないか。そして、彼らの関心は私の「帯」に集中。一斉にカメラに収めていた。鉾が5基。本当にめずらしい。

こうなると、しかし、私には新たな課題が立ちはだかる。お神輿が描かれた帯を探さなくてはバランスが悪い。「久世駒形稚児」が白馬に跨った絵も素敵だ。となれば、さすがに誂《あつら》えないと無理だろうか。なんだかお神輿の茶碗を誂えた茶友のようだ。まずは絵師を探さねば。長い道のりになりそうな予感がする。

「破れ格子文」を着ていたら、見知らぬ男性から「武士の文様やね」

京都はインドネシアと似ている。湿気のせいか、太陽光のせいか、春から夏に近づくにつれ、首都ジャカルタにいるかのような錯覚に陥る。かつて調査に足繁く通ったインドネシアへの郷愁が、ぐっと込み上げてくるから不思議だ。

そう思わせるスポットのひとつが、イノダコーヒ本店である。噴水つきの庭、煉瓦《れんが》の壁、石造りのモニュメント。そこにギンガムチェックのクロスがかかるテーブルが並ぶ景色は、ジャカルタのカフェを彷彿《ほうふつ》とさせる。

外から見れば京町家。堺町三条にあるイノダ本店には毎日、観光客が長蛇の列を作っている。だが、早朝の風景はちょっと違う。開店と同時に、地元の人々が、入り口すぐ右のテーブルにつき、社交場と化しているのだ。彼らは若いころからの常連客。ほぼ毎日朝一番でイノダに来るという習慣を10代20代のころから続けている。昭和生まれのご隠居世代だろうか。一人ひとり、マイペースで朝刊を読み耽《ふけ》ったり、何気ない会話を交わしてもいたりする。そして彼らが注文するのは「アラビアの真珠」。イノダのオリジナルブレンドだ。自家焙煎し、ネルドリップで丁寧に淹れている。コーヒーが運ばれてくると、その脇に各自の伝票が配される。

「イノダって、創業者が猪田さんなの?」「そうや。戦争中に豆の輸入卸を始めて、戦後すぐにコーヒーショップを始めたんや」

空襲被害が極端に小さかった京都だが、しかし、戦中戦後の食糧難は深刻だった。なのに昭和22年に焙煎コーヒーが飲めたのだから、戦争にくたびれた人々をどれほど元気づけたことだろう。意識の高い人々が集ってサロンと化した。会話に夢中になってコーヒーが冷めることもしばしば。冷めては砂糖とミルクがうまく混ざらない。ゆえに、予め砂糖とミルクを入れてサーブするようになった。赤いポットに緑のロゴマークは、芸術家でもあった創業者・猪田七郎氏によるもの。創業時を象徴するかのように、店の前には豆をひく真っ赤な機械が置かれている。

そのイノダに朝、呼び出されることがある。「誉田屋源兵衛《こんだやげんべえ》」社長の山口源兵衛、その人だ。喫煙するから、テラス席。ここでは「山口さん」と個人名で覚えられている。

高校時代からの積み重ねによる特別待遇だ。

ジャカルタを思わせる中庭を背景に、テラス席でタバコをくゆらす「山口さん」は、和洋を問わず、いつも個性あふれる服を着ている。何か他の人とは違うこだわりが、そこかしこにあふれているのだ。

彼のトレードマークは「破れ格子文《もん》」である。蜘蛛の巣文を纏《まと》うこともあるが、最近は1年中それを纏っている。夏は浴衣、冬は紙布のきもの。破れ格子は白地に黒で描かれていたり、黒地に白抜きだったり、バリエーションに富んでいる。彼がこの破れ格子文を着て京都の街を歩く様は、さながら映画のワンシーンのよう。仕舞や日舞を習っているわけでもない。婆娑羅《ばさら》にこだわり、婆娑羅を愛すると、こういう立ち居振る舞いができるのだといつも感心する。

江戸時代に一部で流行った破れ格子文は、桃山の「傾奇者《かぶきもの》」の流れを汲む文様だ。乱世から平和の世の中を構築した徳川の功績は大きく、その統治ぶりは、まっすぐに組まれた格子のようだ。同時に、それは庶民にとって、圧政でもあった。

破れ格子文は、そうした折り目正しい幕府の統治を打ち破ることを意味した。それを纏うことは、倒幕でもしそうな反骨精神を象徴、当時は「粋」とみなされる文様だった。

江戸時代中期、「格子文」を着ているのは幕府側の人間。「格子を破った」柄を着るのは傾奇者。倒幕でもしてやろうぐらいの気概が文様で表現された。

やがて、破れ格子文は、浴衣という形で誉田屋の商品として市場に出た。たちまち浴衣男子の人気となった。どう見ても男の柄行き。私には無関係と思っていた。ところが3年ほど前、赤地に黒の破れ格子文が登場した。朱でもなく紅でもない赤は、まさに私の色。すぐに仕立てた。

京都に来て浴衣を買い集めた私。それまでは藍色や緑系の麻文や芭蕉葉文が多かった。浴衣で赤は初めてかもしれない。夏に真っ赤を纏うのは、見るからに暑そうだ。だが、そんな理屈が飛んでしまうほど、私にぴったりの赤だったのだ。

以来、私は祇園祭に赤の破れ格子を纏う。7月1日から1ヶ月続く祇園祭。鉾が宵山の数日は、朝昼晩と3枚浴衣が必要になる。なので、赤の破れ格子は1日1回に限定さ

18世紀の絵に破れ格子文をみつけた誉田屋社長・山口源兵衛氏と

れるのだが、それでも、ほぼ毎日、赤の破れ格子文を纏った。

令和4年、長く休んでいた「鷹山」が復活、初めて京都の町を巡行するというので、皆の注目を集めた。「曳《ひ》き初《ぞ》め」と呼ばれる試運転の日、もちろん私は現場にいた。三条通を東西に動かし、群衆から拍手喝采が起こった後、ある男性に声をかけられた。

「ちょっとお尋ねしますけど」

え？　知らない人。もしかして、私がまた何かやらかしたのかな。

「その浴衣は、武士の文様やね」

またまた和服に言及されてしまった。今度は、文様で。「絽《ろ》は暑いやろ」以来の男性からのお声がけ。恐るべし、京都。男たちがきものに詳しすぎる。

そう、祇園祭の山鉾町は呉服商の町なのだ。少なくとも戦前までは、呉服で稼いだ大店たちが祇園祭を支えてきた。だからこそ旦那衆も目利き揃い。きものマニアにとっては、そこを歩く緊張感が肥やしになっている気がする。

そういえば、江戸時代、幕府に寄り添う祇園社（八坂神社の前身）と、自力で山鉾を支える町衆は、微妙な相克関係にあった。破れ格子文は、そんな町衆の深層心理と共鳴するのかもしれない。

「襦袢を着れば、お茶席も許される」小紋感覚の大人ゆかた

1ヶ月続く祇園祭。茶友の間では、「祭釜《まつりがま》」が話題となる。フェイスブックでは、いかに楽しかったか事後報告がアップされ、来年は自分も参席したいと密かに思ったりするものだ。月釜を開催している茶室でも、7月の室礼《しつらい》はおそらく祇園祭。待合には「檜《ひ》扇《おうぎ》」（前述）、床には白い「祇園守《ぎおんまもり》」が生けられる。

八重のムクゲは八坂神社の本殿北側で白い花を咲かせることから、「祇園守」と呼ばれている。7月に入ると神社境内でも花屋でも、「祇園守」の鉢植えが売られ、私も一鉢買って育てている。朝一輪切って、花器に入れてニンマリ。私自身、茶会は主催できないが、「祇園守」を生けることで祇園社の神々とつながった気がしてくる。

16日の宵山、仲間内で茶会を開く人々もいる。炎天下、早朝から並んで手に入れた、この日限定の「行者餅《ぎょうじゃもち》」を楽しむのが目的だ。山伏だった先代の夢が由来の無病息災の

餅。私は今年初めて口にした。求肥《ぎゅうひ》と山椒の香りの白味噌餡《あん》が美味。また来年も食べたくなる。

お菓子を頂けば、お抹茶を飲みたくなるもの。数年前に祇園祭の平茶碗を買い、自服を楽しんでいる。内側に長刀鉾と月鉾が描かれ、外には八坂神社のご神紋。次はお神輿《みこし》の茶碗も求めたい。なんだか帯選びと似ている。

茶席での茶碗も、一碗か二碗は、鉾や八坂神社の神紋が描かれたもので呈される。「蘇民将来子孫也」と書かれた棗《なつめ》が使われていたら、祇園祭オタクは嬉しくなる。かけ軸は、馬にまたがる「稚児」であったり、斎竹《いみだけ》としめ縄、あるいは弦召《つるめそ》であったりする。斎竹は、長刀鉾が巡行で先頭を行き、麩屋町で稚児がしめ縄を切る儀式を表す。弦召の軸はおそらく古いもので、その昔、鎧を着てお神輿を先導した人々を描いたものだ。老舗「鍵善」の喫茶でも、弦召の軸を拝見したことがある。

神紋といえば、こんなジンクスがある。京都の氏子たちは1ヶ月間、絶対にキュウリを食べない。キュウリの切り口は八坂神社の御神紋と似ているからだ。宵山に、キュウリの1本漬けを売っている業者を見ると、なんて不遜なのか、と怒りが湧いてくる。もちろん私も食べない。八坂の神々へのリスペクトは半端ではないのだ。

さて、そうしたお茶席に何を着たらいいのか当初は戸惑った。

「襦袢《じゅばん》を着れば、京都ではお茶席も浴衣で大丈夫ですよ」

と何人もの呉服関係者に言われ、酷暑のなか、最近は浴衣を着ることが多い。この話を東京の「きもの通」に伝えると、そんなはずはない、と叱られてしまうのだが、京都では小紋のような染の浴衣が以前から存在していた。芸舞妓さんが夏に昼間の席で纏う白地に藍の浴衣ではなく、遠目に絽《ろ》の小紋に見えるような浴衣が作られているのである。最近は「大人ゆかた」という造語もあるが、そうした浴衣なら許されるということらしい。襟付き下着を着れば、小紋に見えて実は涼しく、便利である。

月照乱華と名づけられた誉田屋の浴衣

山鉾町で開かれるお茶会で有名なのは「菊水鉾」だ。点前席も浴衣なので、そぞろ歩きの途中に、洋服や浴衣のまま訪れる人も多い。長机と椅子が並ぶ席に腰掛けるので気楽だ。中国の菊慈童《きくじどう》伝説（後述）由来の「したたり」というお菓子を載せた菊形のお皿は、そのままお持ち帰りできる。何度も通い、色違いで集めている人も少なくない。

ほかに、「鷹山」「大船鉾」「岩戸山」「太子山」などでのお茶会も浴衣でよい印象だ。足袋はもちろん持参すべし。下駄を脱ぐ席では、玄関先で履かねばならない。文化財指定を受けている旧《ふる》い建物なら、洋服でも足袋か白ソックス着用を求められる。けれども、さすがの私も、献茶式に伴うお茶席で、浴衣を着る勇気はない。

宵宮の16日朝、八坂神社本殿で家元による献茶式が斎行される（祇園祭前の数日を、山鉾町では「宵山《よいやま》」だが、八坂神社では「宵宮《よいみや》」と呼ぶ）。

お献茶は表千家、裏千家が、隔年で担当。その副席、協賛席が人気だ。すべてまわると7席（以前は9席）。なかでも混んでいるのが表千家「而妙会《じみょうかい》」協賛の「一力茶屋」席。「一見《いちげん》さんお断り」のお茶屋さんの中に入れるとあって、初めての人はドキドキワクワクである。私の場合は、知人からのご招待だった。

どんなご縁でいらしてるのだろう。大寄せのお茶会ゆえ、待合には100名ほどが集う時間帯もある。床《とこ》には、ご神紋の団扇。鉾の上部分、真木《しんぎ》のミニチュア。赤い編み隠しからすっと上に伸びる長刀の鉾頭。ここまで大寄せとなれば偶然、知った顔に会うものだが、それでも、ひとりで行けば所在ない。できれば茶友と参席するのが楽しい。

初めての年は、わけもわからず私ひとりで紛れ込んだ。「而妙会」の知り合いの方が私をみつけて、順番を飛ばして中に入れてくださり、待つことはなかった。ズルといえばズルなのだが、どうやら、この破格の扱いはビギナーズラックだったらしい。

「而妙会」の面々は京都の名士たちである。お運びは祇園甲部の舞妓さんたち。祇園祭ゆかりの文様を描いた「だらりの帯」が、目の前で揺れるのが嬉しい。その年は、さらに楽屋に招いて（水屋は別）、舞妓さんとの集合写真まで撮影してくださった。翌年からは特別扱いはなく、しかし、100名ほどの待合で、茶友たちとおしゃべりをし、長い待ち時間も楽しく過ごしたのであった。

驚いたのは舞妓さんの記憶力だ。別のお座敷で再会したとき、「いやあ、お姉さん、お久しぶりどす」と声をかけてくれたのである。その後、彼女は有名な芸妓になるのだが、芸だけではないプロの接客の才能を感じた瞬間だった。

今年は仕事で断念したが、来年は副席すべてまわりたい。これまでは絽の訪問着か小紋に、白い「源氏香文」の紗九寸の帯を締めていた。次は5基の鉾が描かれた絽の帯（前述）を選ぶだろう。その帯を締めて一力さんに身を置くのが楽しみである。

アンティークの入り口は向日葵文帯にトンボを飛ばしてみた

晩夏。上賀茂神社の広い参道をトンボの大群が飛び交う季節である。夕方、芝の上を子どもたちがタモを持ってトンボを追う姿は、なんとも微笑ましい。そういえば、私も幼いころ、父と一緒に追いかけた。

トンボは勝ち虫。武士好みだ。素早い動きで虫を捕らえ、空中で一旦静止して周囲を窺い、前方にしか進まない。不退転の精神につながるからと、武具の文様にトンボを用いた。かつて共にトンボを追いかけた父は、企業戦士として自分は勝ち虫であろうとしたが、娘の前進は許さなかった。世間の基準が何より大切。母もそれに追随した。

私が自分で和服を着始めたのは、ワシントンDCでの中年留学を終えてからだ。母の急逝から8年を経ていた。実は母と最後に交わした会話で、私は初めてエールを送られていた。意外だった。「キャスターとして週一の報道番組を持っているが、並行して大学院で勉強したい」との告白に、「応援したげるわ」と名古屋弁で背中を押してくれたのだ。そのころ40歳近い女性が大学院に行くのは珍しく、ずっと世間と違う動きにはダメ出ししてきた母の「まさかの後押し」。大いに戸惑った。永眠の12日前。死期を悟った優しさだったかもしれない。あの会話を思い出すと、いまでも涙が止まらなくなる。

混乱しつつも私は受験に挑んだが、父の反応は真逆だった。社会人枠ではないため、学費は自分持ちでも保証人が必要で、父に依頼したところ「自分の世話は誰がするんだ？」と想定内の激しい抵抗。だが、母の最後の言葉を伝えると、しぶしぶ押印したのだった。そんなだから、授業が終われば実家通い。19時までに夕飯ができていないと機嫌が悪い父のために、ゼミが長引けば自己負担でタクシーを飛ばし、食事の支度をした。

昭和3年生まれで、弟夫婦には好かれたい父にとって、出戻りの娘は「家政婦代わり」かつ「自分のストレスの受け皿」という位置づけだった。日々怒鳴られるばかりで、バスの最後部座席で泣きながら帰宅。結果、母が美化され、いっそう恋しくなるのだった。

遺品整理も、そうした思いに拍車をかけた。特に和服は格別だった。大島紬を着て家事をしていた母を思い出すからである。果たしてどう着こなせばいいのか。友人に箪笥の中身を見てもらった。彼女は日舞の名取で、きものに詳しかったのだ。

「いまはもう作れない、珍しいきものばかりだね。絶対に人にあげたりしたら後悔するよ。まずは自分で着てみなよ」

戦前、祖父と呉服店を営んでいた祖母のセンスはピリッと光っていた。桐の箪笥も、押入れのガンガン（衣装缶）も、中に私がワクワクする文様ばかり収まっていた。だが、帯とのマッチングが悪い。そこで、私はデパートの呉服売り場をめぐったものの、落胆の繰り返し。着付けを習い始めたのが6月だから、赤系の夏帯を探したが、どこにも無いのだ。そんな折、銀座駅改札口で、派手なきものと帯が印刷されたポスターを見た。銀座松坂屋(当時)で開催されるアンティークきものフェアの案内だった。

実際、売り場で見て驚いた。色は派手だわ、描かれた絵は面白いわ、目移りするばかりである。ふと目に止まったのが、衣紋にかけられた向日葵《ひまわり》文。絽縮緬《ろちりめん》だった。しかし、童顔の私が着れば、七五三になるか

トンボの位置は昔の帯写真を参考に

もしれない。恐る恐る袖を通してみて、びっくり。

大人っぽいのである。花を裏から描いたり、葉っぱが虫食っていたり、日本画として素晴らしいのだ。だから、オコチャマには見えない。ものすごく日本的なのだ。少々値がはったが、購入を決めた。これが人生初のアンティークきものとなった。

ところが、またまた合う帯が無い。ここまでしっかり向日葵が描き込まれていたら、帯は木の幹の茶色か、葉っぱの緑しかないだろう。色の繋がりがあればどうにかなる、と初心者の私は発想した。洋服で鍛えたコーディネートのコツだ。

さらに、これが向日葵畑と想定すれば、トンボが飛んだら面白い。蜂でもアゲハでもない。勝ち虫のトンボが欲しいのだ。その時には父もすでに永眠。私はひとりで前進できる身となっていた。だからトンボにあやかりたかった。

会場のすべての店を探したがみつからず、その足で、呉服屋をめぐった。その帯は、銀座「くのや」のビル中2階、松下屋にあった。名古屋の店という。縁を感じた。

「あら、いまちょうどお安いのがあるわよ」とワゴン内の帯を先方が出してきた。

深緑の羅《ら》の帯。新品なのに4万円を切るかわいい値段。よし、これにトンボのブローチを飛ばしてみよう。

折しも、その直後に訪れたＮＹでは、トンボのアクセサリーが流行っていた。デパートでもダウンタウンのショップでも、色々な種類のトンボが並んでいるではないか。ブルーミングデールズの食器売り場に至ってはトンボのナイフフォークレストが売られていた。これを帯留にしたら面白い。羅の帯に縫い付けて、すき間に三分紐を通せばいい。

その夏、田原総一朗さんの著作全集の出版記念パーティが全日空ホテルで予定されていた。トンボを縫い付けて会場へ向かった。ところが、ロビーに着いた途端、糸が切れたのだ。真鍮でできたナイフフォークレストは重過ぎて、糸が負けたのだった。その日はホテルで借りたソーイングセットで急場をしのいだが、次なる策が必要となった。

思いついたのが荷札用の細いワイヤだ。あれをトンボの首に巻き付け、羅の帯にも通してねじった。我ながら名案だった。いまでも落ちることはない。

アンティークきものは、初心者のドリルのようなもの。お金はかけずとも知恵を絞れば面白い着こなしができる。あの夏、自分の中に妙な自信が生まれ、ますますきもの熱のボルテージが上がった。何度か立食のパーティや軽いお茶席で纏《まと》ってみたが、「アイデアよねえ」と年上のお姉さまたちはちょっと悔しそうに感想をもらす。人目を気にせず、前進あるのみ。トンボの勢いに乗って冒険できた日々が懐しい。

下鴨神社の「みたらし祭」
若者にも人気「土用丑」の厄払い

その日、京都は38度。そんな日の夕刻に、下鴨神社の「足つけ神事」で水に足をつけたら気持ちいいかもしれない。などと軽く考えたら大きな間違いである。

「ヒャー！」「冷たい。ナニコレ？」「どうしよう。私、ダメかも」

橋の下をくぐり足が水に入った途端に、そこかしこで女子の奇声が飛び交う。半端なく冷たい。身も心も引き締まる感じだ。時刻は19時過ぎ。20時終了のこの神事に、たくさんの人が詰めかけている。浴衣女子や、若いカップル、親子連れも大勢いた。日中の強い陽射しを避け、この時刻に集中しているのだろう。

水温は15度ほど。訪れた人々は浴衣やズボンの裾をたくし上げて恐る恐る足をつけて驚き、水温に慣れてからは、ひんやりとした感覚を楽しむ。子どもたちも嬉しそうに父親に肩車されていたりする。幼子は女子なら浴衣、男子なら甚平《じんべい》を着ていたりして、そこだけ切り取ると、プールとも、屋台が並ぶ縁日ともとれる風景だ。最後は、蝋燭《ろうそく》に火をともして、水からあがる。

単なる納涼祭ではない。れっきとした神事。「土用の丑」の前後に行われる厄祓いなのである。賑わっているのは、みたらし（御手洗）池だ。そこは下鴨神社本殿の東側。さらに奥には「井上社」があり、社にはセオリツヒメ（瀬織津姫）が鎮座されている。

下鴨神社は鴨川と高野川、二つの川が出合うあたりにある。本殿に向かうまでの道は、太古の原生林「糺《ただす》の森」に包まれている。緑豊かな千古の森は、約12万平方メートルもの広さで、樹齢200～600年の古木が数百本もあるという。人が少ない朝、縄文時代から生き続ける森へと入ると、精霊たちの気配をそこかしこに感じる。ああ、自分は神々の宿る鎮守の森を歩いているのだ、と満たされた気持ちになる。

みたらし池は、平安時代から「禊《みそぎ》の池」として知られ、宮中の貴族たちは季節の変わり目に、みたらし池の水に足を浸して穢れを祓っていた。古代より、なぜか土用になると、みたらし池から清水が湧くことが七不思議として伝わっている。令和のいま、日ごろは水が少ないが、神事を行うときには地下から湧き水を汲み上げる。5月の「葵祭」前の「御禊《ぎょけい》の儀」では、十二単衣を纏った斎王代が手先をつける「禊の池」に、夏の「土用の丑」前になると数日間、膝までつかる大きな「みたらし池」に生まれ変わるのである。

7月の京都は1ヶ月の間、祇園祭が続いている。八坂神社の祭礼だから、氏子の私は、四条大橋を挟んで東に西に行ったり来たり。朝から夜まで走り回るのが常である。

とはいえ、祇園祭がどんなに魅力的でも、京都全体が盛り上がるわけではない。氏子でなければ、案外と冷ややか。その間にも、ほかの神社では各々祭が斎行される。「みたらし祭」も、そのひとつ。私も写真がフェイスブックに上がってきてから、あわてて駆け込むことが多い。土用の丑がめぐってくるのは、祇園祭の終盤だ。

土用とは立夏・立秋・立冬・立春の直前の18日間を指し、その間に来る丑の日が土用の丑である。春秋冬にも土用の丑はあるにはあるが、一般には夏を指す。下鴨神社の「みたらし祭」は、その前の数日間、斎行されている。

土用の丑と聞けば、鰻を食べて精をつけねばと考える。これは江戸時代、夏に売れない鰻のために、平賀源内が考え出した宣伝戦略だったと言われている。しかし、古代、貴族たちは心底「土用の丑」を恐れていた。禊の聖地を訪れ、穢れ落としに必死だった。足を水につけるだけで厄落としができるなんて本当だろうか、と最初は疑った。だが、井上社にはセオリツヒメが祀《まつ》られていると知って考えが変わった。セオリツヒメはすべての罪穢《つみけがれ》を大海原に流してくれる神さまとして、大祓詞《おおはらえのことば》に登場する四女神のひとり。セ・オ・リ・ツ・ヒ・メ。京都北部にある貴船神社で初めて大祓詞を耳にしたとき、セオリツヒメという、その音だけが残った。なんとなく親しみが湧いたのである。

大祓詞をじっくり読むと妙な説得力があって興味深い。茅の輪くぐりの夏越《なごし》の大祓《おおはらえ》、大晦日の年末の大祓では、どこの神社でもこれを唱える。祇園祭では「長刀鉾」の清祓《きよはらい》で神職が唱えるのが大祓詞だった。特に後半は、4人の神々による罪穢を祓い去るプロセスが説明されている。まず、川にいるセオリツヒメが人間界の禍事・罪・穢れを川から海へ流し、ハヤアキツヒメが海の底で待ち構えていて飲み込む。その後、二人の神々によってさらに祓われるという。祇園祭では、「鈴鹿山」の御神体人形がセオリツヒメだ。そうと知ってから、祇園祭・宵山に鈴鹿山への参拝は欠かしたことがない。なんだか気になる神さまなのだ。

さて、「足つけ神事」。朝は朝で気持ちいいのだが、どうしても夜、蝋燭の火を灯すことに風情を感じてしまう。どうせなら、ミニスカートではなく、浴衣を膝上まであげて、火を灯したい。

初めて訪れたときは意味もわからず向日葵文《ひまわりもん》で出向いた。成田空港にあったユニクロのセールで購入した浴衣は、中原淳一の向日葵画。大人可愛く、ちょっとレトロな雰囲気を醸し出してくれる。ラピスラズリ色の付け帯に、帯留も向日葵を選んだら、それなりにまとまったのだ。しかし、この文様がセオリツヒメのお好みかどうかは疑わしい。いまの私なら、やはり流水文の帯を選ぶだろう。罪穢れを川に流してもらうことを意識して。

そういえば、井上社に、みたらし団子が供えられていた。古《いにしえ》より、土用の丑に自然に湧き出た水泡を象《かたど》って作られた団子なのだそう。

ああ、「みたらし祭」には、水玉文も合うかもしれない。

中原淳一の描く向日葵は母世代の憧れ

「七夕」はアサガオか北斗七星か
星合の夜に締める帯

「星合《ほしあい》の空」――。織姫と彦星が再会する七夕の夜空を、先人はそう呼んだ。そして、この日に降る雨は「催涙雨」。二人が流す涙をいう。

そんな美しいコトバが誕生するほど、七夕伝説はロマンティックだ。年に一度の二星《たなばた》の逢瀬を祝うのが、本来の「七夕《しっせき》」である。

京都の「七夕」は旧暦、8月だ。ゆえに、8月のお茶席のテーマになりうる。祇園祭が終わると、北斗七星か、アサガオか。和服選びに迷うところだ。

なぜ、アサガオか。花びらの中の白が5つ放射状に広がり星形だから、というだけではない。種子は「牽牛子《けんぎゅうし》」という漢方薬として中国で重用され、日本の宮中に入ってきた。花は「牽牛花」と呼ばれるのだが、朝に花を咲かせるからアサガオ、時期が七夕と重なることから、「七夕の花」ということになったらしい。

ここまで暑くなかったころ、8月の夜に鴨川を散歩するのは、案外と気持ちよかった。じとっと汗がにじむ日中と違って、皮膚をなでる夜風は、秋の訪れを予感させた。見上げた夜空には星が瞬き、久しぶりに「七夕伝説」を思い出したりもした。天の川を隔てた織姫と彦星が、年に一度出会うラブストーリーのことなんて、もう何十年も忘れていたが、川の畔を歩くと、物語を重ねやすい。

中国に伝わる「星伝説」は数あれど、ロマンティックに繋ぐと、こうなる。

「織姫」は機織りの名手。神々の服を織っていた。恋人も作らず賢明に働く娘のために、父である天帝は、働き者の牛使い「彦星（牽牛）」を婿に選んで結婚させる。幸い二人の相性はよく、しかし仲が良すぎて全く仕事をしなくなった。結果、神々の服はボロボロに、牛は痩せ細ってしまう。

怒った天帝は二人を引き離し、天の川を隔てて別居させる。すると、今度は互いに会えない悲しみに明け暮れて働かなくなった。困った天帝は、仕事に励むことを条件に、年に一度だけ、再会を許すことにした。七夕の夜、「カササギの翼に乗って」天の川を渡り、毎年、再会できるようになった。もちろん、それ以外の日々は、仕事に勤しむという約束を果たしてこそ、の逢瀬だった。

この伝説を受けて、古代中国では毎年、「乞巧奠《きっこうてん》」という行事が行われていた。星空の下、書道や裁縫の道具、琴や琵琶を飾り、二星に裁縫技芸の上達を願うものである。「乞巧」とは技の上達を願う、「奠」とは物を供えて祭るという意味だ。

日本の宮中でも、7月7日夜、清涼殿の庭に机を置き、灯明を立てて供物を捧げ一晩中香を焚き、庭の椅子に腰かけて天皇自らが二星の出逢いを祈った。同じ日、公家の家々では、裁縫や詩歌、染織の技が巧みになるように、願い事を梶の葉に書いていた、と『平家物語』に記されている。

明治以降も京都の公家町に残った冷泉家《れいぜいけ》は、藤原定家以来の和歌の家である。公家の末裔として、宮中で行われていた乞巧奠を現在まで続けている。

冷泉家に伝わるのは、主人公の織姫が貴族の姫で、彦星は公達《きんだち》（貴族）の御曹司である。空に輝く半月を「月のみふね」と称して船と見立て、彦星がそこに乗って、織姫を訪ねる。川べりには秋の七草が生い茂る中、虫の音を聴きながら一晩だけのランデブーを楽しむ。やがて空が白々とすると、再び「月のみふね」に乗って帰っていく。別れの涙が草々の上に白露として残るという、せつなくも、哀しい物語である。

現在、旧暦の七夕当日、冷泉家では庭に「星の座」という祭壇を設け、織姫と彦星がデートする夜を祝っている。儀式は雅楽の演奏から始まる。篳篥《ひちりき》や琴、琵琶などの雅な音が響き渡るうち、あたりは夕闇に包まれ、1本の灯台の下、和歌が披講《ひこう》される。披講とは、声を出して歌いあげることをいう。男性は狩衣《かりぎぬ》、女性は袿袴《けいこ》という貴族の装束を着て、星の座に向かって、やまと歌を読みあげる。

そして「流れの座」に移る。室内の真ん中に、白い布を敷いて天の川に見立て、貴族の装束を着た男女が天の川を隔てて恋の歌を詠みあう。このとき歌は扇の上に載せてやりとりする。これが、鶏が朝を告げるまで、彦星が半月の「みふね」に乗って天の川を渡るまで延々行われていたが、現在は短く終えている。

私も一度、拝見したことがある。北斗七星の帯を締めて、冷泉家を訪れた。「流れの座」の歌会、即興で歌が詠めなければできない芸当である。毎年、七夕のたびに歌の上達をお願いすれば、このように歌を詠めるようになるものだろうか。いやいや、日ごろからよほど精進せねば、こうはなるまい。それにしても、公家の世界はなんと優雅なことか。その教養の高さにも驚かされる。

星合の夜、私もひとりで二星のランデブーをお祝いしている。窓際に、5色の布と五色素麺、硯と筆を並べ、手に入れば梶の葉に願い事を書く。5色は陰陽五行説から来ている。宇宙は陰と陽のバランスで成り立ち、木・火・土・金・水の5要素によって自然現象や社会現象が変化するという思想だ。それを色で表すと緑・赤・黄・白・黒の5色だという。

そして夕食には「祇園さんの厄除素麺」を食す。お献酒を奉じた際、八坂神社からお下がりで頂くものだ。平安時代から宮中では七夕に索餅《さくべい》（素麺の原形）もお供えしていたらしい。なるほど、朝廷の年中行事儀式について記した『年中行事秘抄』には、「七夕に索餅を食せば瘧病《わらわやみ》にかからない」とある。また、14世紀の八坂神社の執行日記にも、素麺をお供えした旨が記されているという。

その素麺に梅干しと昆布、錦糸卵と大葉の千切りを加えれば、5つの色が揃《そろ》う。陰陽五行説にも乗れそうだ。

北斗七星文は孝明天皇の礼服の背中上部にも描かれている

「大文字送り火」の朝
青の小紋は道行く女性を引きつける

【春はあけぼの、やうやう白くなりゆく山ぎは……】

清少納言が描くように、なるほど。春の少しずつ日が昇る感じは、たしかに美しい。翻って、夏は、いきなり眩《まぶ》しい太陽が姿を表す。ここ数年は、瞳の奥を突き刺すような鋭い光を早朝から放つ。そんな日は、必ず35度超え。覚悟せねばならない。

京都ではマンション暮らし。7階の東向きゆえ、大文字山（如意ケ嶽）が見える。山が視界に入る部屋で暮らすのは人生で初めて。早く目覚めた朝は、部屋から日の出を拝む。自ずと手を合わせたくなる。東京では持ち得なかった不思議な感覚だ。

京都は山々に囲まれた盆地である。豪邸に住まずとも、どこからか山を垣間見ることができる。そのたび、自然の中で生かされていると感じずにいられない。このことが私の人生観を大いに変えた。人間は地球に対してもっと謙虚に生きねば、と思わされるのである。

8月16日20時――。東の大文字山にチラっと赤い点が見えたかと思うと、次第に赤い点が74個加わり、くっきりと「大」の字が浮かびあがる。暗闇の中の「大」の字は、なんともいえず愛おしい。我家からは炎がアルファベットの「K」に見えてしまうが、それは大文字山が私の部屋からやや東北に位置するからだ。この大文字点火の様子は、鴨川のほとりや京都御苑（御所を囲む公園）など、低くても広々とした場所から、じっくり眺めることができる。

やがて、炎は西の山々へ移っていく。浮かぶのは、東北の松ケ崎で「妙法」の2文字、西賀茂に「船」の図、金閣寺近くに「大」の字、最後は嵯峨の鳥居本に「鳥居」の図である。計5箇所ゆえに「京都五山送り火」。これらをすべて網羅するなら、おそらく大学などのビルの上にあがるか、高層ホテルやマンションの部屋からでないと難しいだろう。だが、一部だったら、たとえば京都御苑でも、鴨川にかかる橋の上からも、すぐ近くで見られたりする。

大切なことは、送り火の点火が東から西に向かっていくことだ。西方には極楽浄土がある。冥土から私たちの日常へお迎えして約4日間、一緒に過ごしたご先祖さま（精霊、京都では「おしょらいさん」と呼ぶ）は、あの炎に乗って再び極楽浄土に帰られる。私たちが炎を観ながら、その気配を感じ取れるのが、送り火の醍醐味なのだ。

私自身は、ほぼ毎年、マンションの部屋から、ひとり静かに「大」の字を眺め、手を合わせている。両親の魂が帰っていくのを静かに感じるためだ。63歳で早逝した母に続いて7年後には父も旅立った。東京では毎年、ナスとキュウリを牛と馬に見立て、オガラを燃やし、両親をお盆の初日に迎え最終日に送っていたが、京都では、「大」の字などの炎に乗って極楽浄土に帰ると言われれば、なんとなく安心するのである。

五山の中腹には火床が並び、当日は集落の人々の奉仕によって、薪が運ばれ点火される。最初に火が灯る「大文字」では、点火の1時間前に「大」の字の中心にある弘法大師堂で法要が行われ、この大師堂の灯明から採った火が親火に移され、残り74基一斉に点火される。例年は午前中、銀閣寺近くの麓で先祖の名前を書いた護摩木を納め、それらも送り火の火床に入れてもらえるのだ。

ある年、両親の戒名を護摩木に書かせてもらった。そして、その直後、不思議なことが起きた。

どこかでコーヒーでも、と友人と白川通りを歩いていると、自転車に乗っていた女性がわざわざ降りてきて、いきなり「あらあ、そのおきもの、素敵ね」と一言。それだけ告げると、再び自転車に乗って、去っていったのだった。私は「ありがとうございます」と言うのがせいぜいで、何が起きたのかわからなかった。

　さらに、通り沿いのカフェに入ろうとしたら、前に並んでいる女性が振り返り「あら、そのおきもの、いいわね。帯も」と前に後ろに舐めるように眺めた。それ以上、踏み込んで質問されなかったが、続けざまの似た反応に私は戸惑った。

道行く女性から声をかけられるコーデ

　お盆である。そのきものが母の形見なら、母の魂が自分のきものを讃えさせる可能性もある。が、私がセールで買った小紋の着尺に、紺の帯はリユースだ。うーん。そういえば、「面白いね、この柄。仏教的な文様かな」と感想をもらした男性の茶友がいた。もしかしたら、この文様に、お盆の間、ご先祖に心を寄せている人々を引き付ける何かがあるのかもしれない。あるいは、帯の元の持ち主が、この帯を依代に帰ってきて、人々を呼びこんでいるのかもしれない。だとすれば、母と祖母の形見を纏って、二人に私の元へ帰って来てもらおう。釣られて、他のご先祖も集まってくるかもしれない。遅まきながら、先祖供養に目覚めた私である。

日ごろから、京都の人々の「ご先祖意識」の高さには驚かされることが多い。先祖供養自体、おそらく日本独特の習慣だろうが、京都が特別なのは、送り火の夜、病院など必要な灯りを除き、街が真っ暗になることだ。誰もが炎を見つめ続ける。先祖の霊に思いを馳せる。命がつながってきたと感じる。この幻想的な時間が、人々の「ご先祖意識」を高め、「目に見えない存在へのリスペクト」を育んでいる気がするのだ。

子どもたちも皆、街全体が暗くなるから無関心でいられない。ご先祖の魂は年に1度地上に降りてきて、家族総出で接待をする。最後は炎に乗って極楽浄土に帰っていくのだ。そう肌で感じて学ぶのである。私には、それが羨ましくてならない。幼いころから細胞の中に刻まれた「ご先祖意識」。それを持てる京都の子どもたちは、つくづく幸せだと思う。

母の上布は「地蔵盆」で活躍
東京で諦めたシミが落ちた

京都には感謝の入り口がたくさんある。

小路や辻を歩いていて、お地蔵さんの存在に気づくと素通りできず、心の中で手を合わせる。大きなお寺や神社までゆかずとも、お地蔵さんの前を通ると、ふと感謝したくなるのが京都だ。

しかも、そうしたお地蔵さんは、格子で囲まれていたり、お水とお花が供えられていたり、その土地で暮らす人たちが毎朝、きっちりお世話しているのが見て取れる。辻々のお地蔵さんは人柱にされたという説もあるが、大昔に永眠した存在への、京都の人々の鎮魂の思いが伝わってきて、きれいに飾られた地蔵尊を見るたび、いつも感心する。

五山の送り火でご先祖をお送りした後、京都では地蔵盆という行事が開かれる。一見、地域の子ども会のようなものだが、その根底には、お地蔵さんが地域の子どもたちを守ってくれるという考えがある。友人によれば、幼いころの地蔵盆の残像がゆえに、大人になってもお地蔵さまを大切にしているらしい。

地蔵菩薩は、子どもを守るのだという。親より先に命を落とした子どもたちが、賽《さい》の河原で苦しんでいるのを救うといわれる。彼らが親に先立つ罪がゆえに仏塔をつくるべく石を積み上げるが、鬼が来て壊すからだ。祖母より先に旅立った母も、賽の河原で苦しみ、地蔵菩薩に救われたりしたのだろうか。さすがに63歳だから、ひょいと三途《さんず》の川を渡れるものだろうか。いや、若くして他界した祖父が、母を迎えに来たかもしれない。逆に、娘に先立たれてしまった祖母の戸惑いと混乱は、誰が救ってくれるのか。解離性大動脈瘤術後破裂。あわてて名古屋から駆けつけたときには母はすでに永眠。闘病生活などを経ず、いきなり冷たくなった娘との対面に、86歳の祖母は混乱し、脳のオンとオフが始まった。

あれは新盆だっただろうか。七七日《しじゅうくにち》だったかもしれない。実家を訪れた祖母を母の部屋に案内し、桐の箪笥を開けた。きものの由来や思い出話など、私が聞きたかったからである。そのとき既に祖母の答は心もとなく、すぐに疲れてしまった。見覚えのないきものが出てきたのもショックだったのかもしれない。結婚してからの、自分の知らない娘の人生を垣間見た気がしたのだろう。桐の箪笥にあったきものの半分は、晩年に母が自ら買ったものだった。

他方、娘時代、祖母が買ったであろう帯ときものは、押入れの中のガンガンから出てきた。昭和時代に流行った風のブリキでできた衣装ケースだ。面白い文様のきものや帯がたくさん詰まっていて、私は小躍りした。20年は封印されていただろうか。ローンを組み、社宅から一軒家に引っ越してから、風にあてることもなく、カビがシミとして定着していた。たとえば綿の赤黒の幾何学文《もん》は実に魅力的で、しかし、白い部分に細かく、茶色のシミがあったのが残念だった。

聖徳太子ゆかりの六角堂は
池坊発祥の地

もう1枚、気になるきものがあった。白茶色に深緑の幾何学文で織られている。

「上布だがね」と祖母は言った。

ジョウフ――。初めて耳にする音だった。麻のきものをそう呼ぶのだという。

どういう経緯で祖母がその上布を買ったのかは聞き出せなかった。疲れてしまったのだ。まだ40歳で、きものの知識ゼロの私には、上布の価値はわからなかった。だが、その文様が私の心をいたく揺さぶった。母の着姿は記憶になかったが。ただ残念なのは、袖のところに2箇所、大きな茶色いシミができていたことだ。カビが変色したらしい。

このシミを落として、夏きものに挑戦しよう――。

実行に移そうとしたのは、アメリカでの中年留学から戻った後。しかし、染み抜きが難しかった。東京でお願いしてみたが、業者からのNG。諦めた。京都なら落とせるかもしれない。が、当時、東京在住の私にはコネはなかった。

ゆえに、染み抜きも、京都に来てからの課題のひとつだった。あるお店でついに実現。驚いた。跡形もなくシミが落ち、めずらしい上布として蘇ったのだ。さすが京都である。実際、参拝していて気づいたのだが、神事法要で神職や僧侶が外を歩く頻度は高い。雨も雪もある。装束や法衣がどれほど傷むか。裾がどれほど汚れるか。それを見事に落とす技術が京都にはある。その技術に助けられた。ありがたかった。

最初は祇園祭。次に大文字の送り火。そして、地蔵盆で、このきものを纏《まと》った。

昔の地蔵盆では、長い数珠の大きな玉を子どもたち皆でまわす儀式を行っていた。最近では、地蔵尊に花や餅などをお供えはするものの、お菓子を食べゲームや福引きをするだけで、数珠まわしが減った。それを残念がる声も多い。というのも、大人たちは数珠まわしに加わると幼き日が蘇り、お地蔵さまに愛着がわいたというのだ。平成26年、地蔵盆は京都市独自の「京都をつなぐ無形文化遺産」に選定された。

私の町の地蔵盆は六角堂で行われている。聖徳太子が創建した古いお寺で、いけばな池坊発祥の地。実は、ここが京都のへそと言われ、地理的な中心である。境内西側には、たくさんのお地蔵さんがおられ、17時の閉門を過ぎ参拝しそびれても、西隣のスターバックスから、ガラス越しにご挨拶ができる。春には枝垂《しだ》れ桜の花びらが、お地蔵さんの頭に乗り、コロナ禍ではマスクをつけておられた。

地蔵盆の朝、そのお地蔵さん群の前に祭壇が設けられ、法要が始まる。そこに私は母の上布を纏って、参列させて頂いたりしている。

「上布だがね」と名古屋弁で答えてくれた祖母の声が、いまでも鮮明に蘇る。娘に先立たれてしまった祖母の思いを、この上布を纏うことで受け止めたい。還暦過ぎた母が、もしも賽の河原で迷っていたとしても、地蔵菩薩に助けられ、苦しまずに三途の川を渡ったと信じたい。だから、私は地蔵盆では、この上布を纏うのである。

長月・神無月・霜月

9月はいつまで夏きもの？
ハチは神さまのお遣いかも

暑い、暑い、暑い。9月半ばで35度。どう考えても、単衣《ひとえ》は無理。まだまだ絽《ろ》で通したい。透け感の無い絽で切り抜けたい。いや、透け感あっても許して欲しいくらいだ。

9月初旬までは夏きもので通します！　とコロナ前は公言していたが、それも撤回だ。9月いっぱい30度超えだなんて、いっそ9月は絽を纏《まと》ってよいと誰かに宣言して頂けたら、世のきもの愛好家が迷わずに済むのだが。

この気候変動は、人類最優先を止めて、地球が本来の姿に戻ろうとしている証、と私は考えている。だから人類に心地いい気候は遠のき、これからますます寒暖が激しくなるだろう。さすがに今年の夏は、外出回数を抑えた。8月は絽でさえ暑くて、洋服で参列してしまった神事もある。命が大切。きもので踏ん張ればいいというものでもない。

季節に沿って衣の切り替えをする昔ながらの考え方はいいのだが、明治政府が軍隊などに設けた制服とは別物であるはずだ。ここまで気候変動が激しい昨今、国家にも企業にも所属しない「きもの乙女」に対しては、衣替えのルールがもう少し緩やかでもいいのではないかと思ってしまう。

裏千家のお家元は今年、ついに5月に単衣でもいいと宣言された。火を使う茶室で熱中症になったりしたら大変だ。正しいご判断だと思う。裏千家の門弟のみならず、全国の「きもの乙女」はお墨付きを得て、堂々と5月に単衣を着られるようになった。さらには、6月と9月は絽を纏っていい、とまで言ってもらえるとありがたい。

実は以前より、ちょっとしたズルをしていた私。9月後半でも、母の絽の江戸小紋を纏っていたのだ。遠目には色無地に見える。便利だった。しかし、一つ紋がついているので、格が高くて気楽な席には使えない。紋無しの絽の小紋で、単衣に見えるものを纏いたい。だが、色の濃いものは、どうしても透けてしまう。本来は視覚的に涼しげでよいものの、単衣に見せたい私には向かない。袖口から真っ白な襦袢《じゅばん》など見えたら、それこそ季節外れでみっともない。

「色付きの麻襦袢がいいわよ」と、きもの通に教えられた。麻の襦袢に、うっすらと色がついている。透け感は抑えられるし、袖口から見えたときに、麻には見えない。単衣のきものの下にも有効で、半襟をつけ替えれば、10月の暑い日でも着ることができる。

9月のきものとしては、本物そっくりに萩と桔梗を描いたアンティークのジョーゼットが手元にある。萩は万葉集でもっとも多く詠まれた花。京都で見た萩にはいつも蝶々が止まっている。私の中では「萩のきものに蝶の帯」がひとつの型で、赤い蝶々の帯を絽と塩瀬、2本持つに至った。初旬と下旬で使いわけるためだ。アンティークなので、気楽に二部式に作り替え、すぐ締められる。

そんな折、ハチの帯に出逢った。黒いからだに鮮やかな青い縞模様がある蜂だ。ルリモンハナバチ。ブルービーと呼ばれている。ハチ・マニアの間では、「幸せを呼ぶ青いハチ」と珍しがられているという。絶滅危惧種。少なくとも、京都、東京、青森ではそう指定されている。8月下旬から9月にかけて、見られるらしい。

これを制作したのは西陣にある岡文織物である。令和5年で333年の歴史を誇る帯メーカーだ。もとは法衣を手掛けていたが、明治期に帯の制作に切り替えた。廃仏毀釈で法衣の需要が減ることを見越しての英断。見事に成功した。

岡文に出逢ったのは最近である。会社のある町家「岡文織物・榎邸」からのインスタライブに、きものマニアとして毎月出演。きものまわりのこと、京都の歳時についてお話している。榎邸に初めて伺ったとき、表屋でこの帯をみつけたのだった。

まずは地色の黄が目に入り、それから、ハチに反応した。「ミツバチは神の遣い」であると私は聞いていたからだ。

京都に来てしばらくは、同じ顔ぶれの女性たちが上賀茂神社に通っていた。そのひとりは東北から来ていた神社通で、あるとき一緒に大田神社へ一緒に参拝した。毎月10日の例祭に参列するためだった。

西陣にある岡文織物・榎邸の離れにて

大田神社は上賀茂神社の境外摂社で、本社から徒歩10分くらいの距離。神山の麓にある、賀茂族の氏神さまである。戦前、格の高い上賀茂神社の二の鳥居内に一般市民は入れず、この大田神社こそが氏子たちの心の拠りどころだった。祀《まつ》られているのは、アメノウズメノミコト。天岩戸《あまのいわと》の前で踊った、あの女神である。
例祭では、チャンポン神楽が奏され、皇

室の安泰と国家の繁栄が祈られる。鼓、締め太鼓、神楽鈴を用いたシンプルな神楽。巫女さんが年配の女性たちなので、私にもご奉仕のチャンスはあるかも、と一瞬期待したのだが、選ばれた家の女性にしか資格はないとわかり、がっかりした。しかも、この神社、年に3回、皇室からの使者として宮内庁京都事務所長が参拝される。やはり皇室との縁があるようなのだ。気になる。

「あ、ハチだ」。東北からの参拝メイトが気づいた。神楽申込受付所で机の上にハチが止まっていたのだ。受付の女性があわてて弾こうとすると、彼女がそれを制した。

「ダメだよ。このままでいいの。神さまのお遣いだから。参拝しているときにハチとかカラスとかを見かけたら、神さまに歓迎されたと思って喜んでいいの」と教えてくれた。

そういえば、出雲大社はご神紋が六角形、ハニカムである。ハチも神さまのお遣いかもしれない。半信半疑だったが、神社でハチが飛んでいても慌てなくなった私である。いや、八咫烏同様、ハチの帯に出逢ったら、絶対に買おうと決めていたのだった。

暑かった9月。それでも朝夕には秋風が吹き、30度まで下がれば単衣でも耐えられる。もちろん、襦袢は色付きの麻。帯は最初から二部式に仕立ててもらっている。母の藍のぼかしに、このルリモンハナバチの帯を締め、神社に参拝せねば。

9月9日は「菊の節句」
延命長寿は菊酒で

古代中国の皇帝は「9」という数字にこだわった。平成5年、中国に初めて足を踏み入れて名所旧跡を巡ったとき、歴代皇帝が権力の象徴として「9」と「龍」に執着したことを知った。9にパワーがあると判断された理由は陰陽道から来た。偶数が陰、奇数が陽。陽の最大数だから9が強力で、重なる9月9日は最強の日とみなされた。

だが、強すぎるのも要注意。陽の最大数が二つも重なる日は、不吉という見方もあった。過ぎたるは及ばざるがごとし。9月9日は皆でお祝いし、厄落としをしようというのが重陽《ちょうよう》の節句である。日本の宮中もそれを取り入れ、「菊の宴」が催された。この日、御所の紫宸殿《ししんでん》では天皇が直々にお出ましになり、菊の花を愛で、菊酒を飲み、歌を詠んだと伝えられている。

実は私は長い間、菊に全く興味がなかった。菊ぎらいと言ってもいい。幼いころ見た菊まつりの菊はいかにも大きくて怖かったし、菊は仏壇やお墓に供えるものというイメージしか持てず、袷《あわせ》であっても菊文《もん》の和服は実に少ない。ワクワクしなかったのだ。

最初に菊の不思議を教えてくれたのは、上賀茂神社だった。9月9日は重陽の神事が斎行され、後に境内では小学生たちによる烏相撲《からすずもう》が行われる。取組のあと、お下がりとして菊酒が振る舞われるが、神前にお供えした菊花とお酒は、神気を帯びて格別である。

神紋が刻まれた金色の酒器に入っていたのは、黄色い菊の花びらを浮かべた菊酒。ひと口頂くだけでも祓《はら》われた感じがして、実にありがたい。盃に流れて出た花びら数片を口に含むと、かすかにサクっとした歯応え。苦味を期待して噛んだ菊花は意外と甘く、やがて苦みが襲ってきて、そうかと思うと甘味が広がり、再び薬を思わせる苦味がやってくる。癖になりそうな風味だった。

ほんのりでも、かすかでも、この苦味こそが菊の生薬たるゆえんである。漢方の世界では、血圧を下げ、解熱や解毒、消炎、抗菌に効果が、菊花茶は眼精疲労を癒やしてくれるという。お湯を注いでお茶にする乾燥菊花は大昔、台湾の市場で見かけた。当時まだ菊を恐れていた私はもちろんスルー。もったいないことをした。

延寿の妙薬として菊が有効なら、そのエキスを肌につければ若さを保てるかもしれない。9月8日夜、菊の上に真綿を被《かぶ》せて香りを移すべく夜露を含ませ、翌朝、菊の雫を含んだ真綿でからだを拭《ぬぐ》った。被綿《きせわた》は宮中で働く女性たちが健やかに過ごし美しさを保つための若返り対策だったのである。

若返りという点では、中国の権力者も同じだ。執着ぶりは古今東西変わらない。中国で代々皇帝が菊花を愛でた背景には、「菊慈童《きくじどう》伝説」がある。「権力者の若返り欲」をくすぐった「700歳の美少年」の物語は、彼らに菊の霊力を信じ込ませるだけの説得力があった。

食用菊を日本酒に浮かべて延寿を願う

物語はこうだ。魏の文帝(『三国志』で有名な曹操の息子)は、長寿で評判の南陽の村に家来を派遣した。その村民の平均年齢はなんと100歳超え。70歳では若死にと言われたほどだ。川の水源は一面、菊で覆われ、長寿の理由は村民たちがその水を常飲していたからだと伝えられていた(後漢の文献に明記されている)。訪れた家来は、そこで少年顔の仙人に会う。訊けば、700年前、周の帝に仕えた慈童だったという。ご寵愛《ちょうあい》を受けていた慈童は、帝の枕を跨《また》いだ罪で、山奥の村に流されていたのだ。諸説あるが、この「700歳の美少年」の噂は、菊の霊力を示すのに十分なエピソードとして定着し、中国の帝たちは菊の宴を続けてきた。

いかにも「能」の題材にうってつけのこの物語は、「菊慈童」あるいは「枕慈童」として現在でも演じられている。嵐山の山腹にある「法輪寺」では9月9日、この人形を飾って「重陽の節会《せちえ》」が開催され、その後、金剛流により能が奉納されている。また、祇園祭の菊水鉾は、稚児人形が、この菊慈童なのである。

そして京都の料亭や割烹では、菊酒が振る舞われたり、被綿が飾られていたり、料理に菊が添えられて出てきたりする。華道の家では、菊のいけばなに綿を被せるという。お茶席では、菊を象《かたど》った練り切り(あるいは、こなし)に、綿を模した白いそぼろを載せた、「被綿」という銘の和菓子が呈されることが多い。

ここ数年、菊花のお浸しと菊酒は、私の「秋の夜長ひとり食」のマストメニューである。安価で手に入る食用菊を買い、菊酒を飲み、菊花をお吸い物に散らして、かつ菊のお浸しを加えている。

ただし、食用菊、新暦9月9日には手に入らないことが多く、月末まで待たねばならない。よって9月から10月を菊月間として定め、お店でみつけたときに食すことにしている。菊花は湯に通すとすぐ茶色になってしまう。ゆで時間が30秒だと未だ固く、1分経つと茶色になる。結局、鮮やかな黄色に仕上げるには、お湯に軽く酢を加えて湯がくのがコツ。手で絞らず、自然に水切りをすると、適度な食感が保たれる。

では、重陽の節句に何を着ればいいか。以前なら9月9日は単衣《ひとえ》を纏ったが、33度ではとても無理だ。夏きものの菊文様、結構難しい。涼しければ菊づくしの生紬《なまつむぎ》小紋でもいい。暑ければ、絽《ろ》を纏いたい。秋の七草を描いた付下げはあるが、着ていく場を選ぶ。気軽に出かけるには、絽の小紋に菊文の帯を選びたいところだ。

祖母の絽の帯は、菊、萩、桔梗を各々扇面に描いたもので、選択肢のひとつだったが、ここへ来てお太鼓の両端が擦り切れてきたので、人前で締めるのは難しくなった。袷《あわせ》の帯なら、菊も栗もあるのに、33度に普通の刺繍帯は暑苦しい。このまま酷暑が続けば、菊文の夏帯を探して散財しそうで危険だ。

秋といえば「観月祭」
合わせるきものに泣かされる

丸顔がコンプレックスの私は、まんまるいお月さまみたい、と言われるのが大嫌いだった。だから、長い間、月に関心を寄せなかった。

私が月を愛でるようになったのは、京都で暮らしてからだ。京都という場所のなせるワザだろう。特に、秋の月は、なんだか雅なのである。

部屋の東に開いた窓からは、山の上に浮かんだ月が見える。夕方に見逃しても、暗くなってのぼってきた月に気づく。時には紅く大きく、しかし、大概は眩《まぶ》しい白さで輝きを放つ月。三日月でも望月でも十六夜でも、東の空に浮かぶ月は、窓から私の視界に飛び込んでくる。月があまりに白い夜は翌日、早朝から強すぎる太陽光が部屋の中に差し込んでくる。そんなリズムも知った。

かつて東京で月光浴を勧められたことがあった。それは私がラリマーという、海を思わせる青い石をアメリカで探して集めていたときのことで、石を満月の光にあてると浄化されるという触れ込みだった。同時に、女性も、月の光を浴びると若返り、美しくなれると聞かされた。

美しくなるなら、月光浴とやらを、やってみようではないか。私はベランダに石を並べ、自分も椅子に座って空を見上げた。だが、わからないのである。自分が浴びているのが月明かりなのか、広告塔の電飾なのか、オフィスから漏れるLEDライトなのか。都心は明るすぎるのだ。数回かトライしたが、若返るという実感を得られず、止めてしまった。

けれども、京都は違う。町が暗いのだ。ベランダに立つと、確実に月光が私に降り注ぐのを感じる。オフィスの電灯も夜遅くは消灯している。あるのは、街灯とコンビニのライトくらいだ。数年前、行政と財界が一緒になって、看板を取り去る政策を打ち出し、街からネオンサインが消えたのも、理由のひとつであろう。

くわえて、京都では月を愛でる場が用意されている。秋にはそこかしこで「観月祭」が開かれる。これが大きかった。最初に訪れたのは、上賀茂神社の「賀茂観月祭」。薪の焚かれた川に差しかかる橋殿では、未生流笹岡家元による献花と、観世流による能の奉納があり、境内では月見団子やにごり酒が振る舞われた。ちょうど望遠機能に優れたカメラを手に入れたばかりだったこともあり、境内芝生の上で楓《かえで》の葉越しに満月を写すのに夢中になった。

翌年は、京都の友人に誘われて下鴨神社の野点《のだて》席へ向かった。境内では「名月管絃祭」が開かれ、舞楽や雅楽の演奏を楽しんだ。平安時代の音色を聴きながら、楼門の上に輝く月を眺め、京都で暮らす悦《よろこ》びを噛み締めたものだ。

東山にある真言宗智山派総本山智《ち》積《しゃく》院《いん》の「観月会《かんげつえ》」に申し込んだこともある。真言聲《しょう》明《みょう》を一緒に唱え、「月輪観《がちりんかん》」という瞑想を経験した。自分の心が「満月のように欠けることなく真ん丸で、澄みきって清らかに明るく光り輝いている」と感じる真言宗の瞑想法らしい。智積院からは東の空が近い。ライトアップされた名勝庭園の上に、やがて煌々と輝く白い月が昇って来る。それは思わず感嘆の声をもらすほど美しく、実に神秘的で、じっと眺めていると心洗われる感じがする。「月は確実に私を照らしてくれている。月明かりが降り注ぎ、我が身を浄化してくれている。これぞ月光浴だ」などと月の波動を受けてテンションがあがる貴重な夜だった。

どれもこれも、開催される日は中秋の名月。旧暦の8月15日である（新暦では令和5年は9月29日だった）。1年で最も月が美しい日。そして五穀豊穣に感謝する日でもある。

それを祝って神社仏閣で神事や法要が執行されるのだ。最近は太陽からの電磁波《でんじは》が強いせいか、月灯りがひときわ白く眩しいが、煌々と輝く月の下、社殿・舞殿・楼門そのものが黒いシルエットとなり絵画的なのである。雅が演出されるのだ。自分が平安絵巻の中にいるような錯覚に陥る。この恍惚感がたまらない。

雅にこだわるなら、観月遊びの極めつきは、旧嵯峨御所・大本山大覚寺だろう。大沢池をぐるり龍頭舟に乗って月を愛でる「観月の夕べ」は、平安貴族の遊びを再現している。実は、私はまだ体験したことがない。昼間、茶友が企画した船上のお茶会に招かれたことはあるのだが、夜、大沢池の水面に映る月を眺めながらの舟遊びは未体験のままだ。一度龍頭舟に乗って月を愛でたいものだ。乗船できずとも、月明かりの中、水面を滑る舟のシルエットを遠巻きに眺めるだけでも、気分は平安王朝時代へとタイムスリップできるのではないだろうか。

中秋の名月は茶の湯のテーマにもなる。悩ましいのが、きものの選択である。旧暦8月15日の日付は年によって違う。新暦の9月初旬なら夏きものでいいし、9月末あるいは10月初めなら単衣《ひとえ》である。観月に関する文様といえば、月にススキにウサギくらいか。ま、秋の七草ならいけるだろう。そうした文様が描かれたきものと帯が、夏と秋の2パターン必要になる。ここが悩ましいのだ。昨今のように残暑が厳しすぎるからといって、9月末に絽《ろ》を着るわけにもゆくまい。単衣でなければならない。

9月初めの下鴨神社では、菊や秋草が描かれた淡い曙色の絽の付下げを着たが、誰からもお咎《とが》めはなかった。智積院に行った年は10月初めとなり、単衣《ひとえ》の母のお召《めし》を纏《まと》った。深い藍に白鼠色の大きな円は、夜空に浮かぶ月のようにも見えて面白いと思ったのだが、単衣でも誰にも何も言われなかった。このお召、最初は地味で興味がなかったが、私が若いころ締めていた綴《つづ》れの帯を持ってきたら、明るくなった。山吹色が月のイメージと重なり、観月祭には悪くない。

東山山麓の智積院にて。望月をきものに映して

そういえば卯年。藪長水《やぶちょうすい》が描いた真ん丸の白兎の帯も、望月に呼応して面白かった。

色にこだわる女将も注目
帝王紫の輝き

「帝王紫」と呼ばれる色がある。歴史は古い。クレオパトラまで遡る。英語でロイヤルパープルと呼ばれるこの色は、赤みがかった紫で、海に生息する貝から色素を抽出する幻の色だった。貝紫で染められた物には「力が宿る」と信じられていたらしく、多くの権力者たちに愛され、貴族以外の使用は禁じられていた。

ギリシャを制圧したマケドニアのアレキサンダー大王は、貝紫の色を自分だけの色として決め、ローマのジュリアス・シーザーも帝王紫のマントを着たといわれる。クレオパトラは、アントニウスの気を引くために、船の帆を全て貝紫で染め上げて、彼のもとに馳せ参じたらしい。東ローマ帝国でも皇帝や皇后が、中世以降はローマ教皇や枢機《すうき》卿《きょう》が、帝王紫を纏《まと》った。

では、貝のどこが紫か。巻貝の内臓にあるパープル腺である。取り出したときは乳白色なのに、太陽に当てると赤紫色に変化する。そこを用いるのだから、わずか1グラムの色素のために2千個の貝が必要とされるのも頷ける。紀元前1600年、古代東地中海のフェニキア人は小さな巻貝を砕き、糸や布に擦り込んで日光にあて発色させた。彼らは交易品として流通させ、同じ重さの金と取引したと伝えられる。

私が帝王紫について知ったのは、染司・吉岡幸雄さんの講座でだった。父上の吉岡常雄氏が、帝王紫の研究者だったのだ。しかし、東大寺のお水取り同様、30代の私は何を聞いてもピンとは来ず、しかし、地中海のロマンティックな伝説と帝王紫という言葉だけ覚えたのだった。20代のころ、『世界ふしぎ発見！』のミステリーハンターとして古代ローマをレポートした私にとっては、他人事に思えなかったのだ。

「アキオさんには、この帯の価値、わかるわよね」

そう言って、吉岡常雄氏が貝紫で描いた帯を見せたのは、銀座「かわの屋」の女当主である。彼女も、息子の幸雄氏とは交流があり、私が受講生であることを知っていた。吉岡常雄氏はそのとき既に故人。ビンテージきものを扱う「かわの屋」は、貝紫の彼の帯を落札していた。それは、紬地《つむぎ》に帝王紫を用いて描いた幾何学文様の帯だった。帝王紫に興味のある私は、おそらく目を輝かせたに違いないが、合うきものが無い。

母の箪笥に、紫のきものは無かったのである。しかも、紬の感触から、やわらかものには合わない気がして、途方にくれた。帯だけ買っても、箪笥の肥やしになるのではないか。そうしたら、彼女は出してきたのである。やはり貝紫を用いた細い縦縞の単衣《ひとえ》仕立ての紬のきものを。おそらく「青山みとも」製ではないかと思う。

青山みともは、やはり銀座にあった。あるときからメキシコの貝紫を用いて、きものと帯を作り始めたことを、なぜか私は知っていた。メキシコでは、生きたままの貝で染織する。分泌液で糸を染めて太陽に当て、村人たちは貝を海に返していたという。日本人がその通りの技法で染めたかどうか定かではないが、吉岡常雄氏の帯は、メキシコの貝紫のきものに乗せるとピタッと合った。中古ゆえサイズは大きいのだが、帯を活かすために、その紬も持ち帰ることとなった。

そこで物語が終わればいいものを、数年後に、なんと、私は大和貝紫に出逢ってしまう。日本の貝で染めた貝紫である。

この偉業をやってのけたのは、秋山眞和氏だ。彼は、日本の貝を用いて、紫の染織に成功したのである。自分で小石丸（前述）を育て、巻貝で糸を染めて、織るという。全工程をひとりで担われたというから驚きだ。

ご縁を作ってくれたのは、またもや「かわの屋」当主である。彼女はビンテージきものだけでなく、作家物も扱うようになっていた。そのひとりが、秋山眞和氏だったのだ。お店のリニューアルのときだっただろうか。何かフェアのようなものを開催されるときに、銀座に出向いた。おそらく京都から。

そこで見てしまったのである。秋山眞和氏の大和貝紫を。なんて可憐な。なんて眩《まぶ》しい。なんて上品な赤紫か。紬に染めた吉岡常雄氏の帯とはまた違った、艶があった。

それもそのはず、蚕《かいこ》が日本古来の在来種、小石丸なのである。宮中の御養蚕所における皇后陛下御親蚕に用いられる小石丸が生み出した細い糸を、大和貝紫で染めて織り上げた、花織風のきものだった。

纏《まと》ってみた。顔映りがいい。明るく見えるのである。しかも、軽い。柔らかい。ひんやりとして気持ちいい。皇室が守ってきた小石丸の糸。日本産の巻貝から抽出した染料で染めたこのきものは、瞬時に私の心を鷲掴《わしづか》みにした。

先染めだから茶室には着られない。最初はパーティで着てみた。京都では、未生流笹岡家元・笹岡隆甫さんを囲む会に纏った。彼の門下生の花展の日に、都ホテルで開かれる宴席である。毎年、10月の初めに開かれ、きもの選びが難しい。なんとも暑いので、袷《あわせ》のきものを纏うのに躊躇があり、単衣を着たこともあった。しかしながら、この大和貝紫で染めた小石丸のきものはどうだろう。袷でも暑くなく、とても心地よいのだ。

同じテーブルに某女将さんが座っていらした。色々な集まりで軽くご挨拶していたのだが、その日は私のきものが気になるようで、一緒に記念撮影にまで応じてくださった。それがきっかけでご縁が深まっていくが、洋服のときでさえ、「色がいいのよね」と褒めてくださったことがある。どうやら私の色コーデが彼女基準で合格のようなのだが、とりわけ貝紫はお気に召されたらしい。よくよくお話を伺うと、草木染などの発色の美しいものがお好きのよう。

清水の舞台から飛び降りるほどの高い買い物だったが、きものを機に会話がはずみ、縁が深まるのはものすごく嬉しい。しかも、ほんまもんがわかる目利きの人と。大和貝紫染め小石丸のきものは、私の宝物のひとつとなった。

日本の貝紫で染めた小石丸。織でも異彩を放つ

遷宮式には色留袖
開炉の茶事にも菊づくし

「常若《とこわか》」という言葉がある。耳にしたのは、伊勢神宮の式年遷宮のときだった。20年に一度、社殿やご神宝などすべてを新調して、隣に造替した新宮へ神さまにお遷《うつ》り頂くお祭である。言い換えれば、左右の神域を移すのが伊勢神宮の遷宮であり、そのベースにある精神が「常若」だというのだ。常に若々しく美しく保たれる。新しい気持ちに向き直る。これこそが神道の「祓《はら》い」なのだと知った。私たちが気軽に口にしている「若返り」は神道の祓いにつながるのだと、遷宮のときに学んだのである。

２０１３年には、出雲大社でも遷宮が行われた。こちらの遷宮は60年ごとで、伊勢神宮と同じ年にあたるダブル遷宮は何か特別なことが起きるのではないかと話題となった。

さらには京都の賀茂社（上賀茂神社と下鴨神社）でも遷宮が行われた。奈良の春日大社同様、賀茂社の遷宮は21年ごと。２０１５年に行われたのだった。上賀茂神社では、国宝の本殿と権殿《ごんでん》の檜皮葺《ひわだぶき》屋根の葺《ふ》き替え、楼門や摂社・末社を数年かけて修復した。本殿を修復するにあたり、お隣の権殿に御霊をお遷り頂き、再び権殿から本殿にお遷しするのを正遷宮と呼ぶ。夜の帳《とばり》が下りてから、遷られていた権殿から、神霊を御船代《みふねしろ》にのせ本殿にお遷しするのだが、暗闇の中、白い布に覆われて神さまがお遷りになるのを、気配だけで感じ取る。それが遷宮式である。10月15日に斎行された。

さて、遷宮式。参列者は何を着ればいいか。誰に聞いてもわからなかった。

伊勢神宮の遷宮式に関する報道は見ていた。ほとんど真っ暗で何が起きているかわからない。参列者は黒い服を纏《まと》っているようだが、女性は何を着ているのか。密やかで厳《おごそ》かな神事については、そのころは未だウェブには上がってこなかった。

もちろん和服である。伊勢はともかく、京都では和服の参列者が多いはず。周囲の呉服関係者や、飛び込みで装束店に入り、訊《たず》ねてみた。限られた神社だけの、21年に一度のお祭について、答を得ることはできなかった。

お祝いの席である。色無地では寂しいと考えた。五つ紋の色留袖をイメージした。裾に青竹のすっと伸びたような母の色留袖は、地の色が亜麻色なので、暗い遷宮式では目立ちすぎる。黒だから黒留袖にしたいところだが、役員でもないのに不適切だ。そうだ、自分で買った菊づくしの色留袖はどうだろう。上半身は、灰緑《はいみどり》、裾模様は浅蘇芳《あさきすおう》色の地に大輪の白い菊花がびっしりと刺繍されたもの。これなら座ったときは地味で、立ったときには華やか。奉祝の雰囲気も出せる。

　本殿前の参列者に女性は少なかったが、ほとんどが和服で、地味な色の無地か訪問着をお召しになっていた。結果、私の選択は正しかったのである。

お祝いの気持ちをこめて
古箔で織られた竹文の帯を選んだ

　翌日は、天皇陛下からの供え物を奉納する「奉幣祭《ほうべいさい》」。供え物の御幣物《ごへいもつ》が運ばれ、田中安比呂宮司が御祭文《ごさいもん》とともに本殿に納められた。遷宮を称えるかのように、眩《まぶ》しいほどの太陽が輝いていた。ここでは、亜麻色で裾模様が青竹の母の色留袖を纏って参列した。

　菊に興味のなかった私がなぜ菊づくしの色留袖を持っていたか。母亡き後、世田谷の「いその」を訪ねたからである。嫁入り支度に用意してくれた、ろうけつ染めのきものは、実家の社宅の近くにあったその店で、購入していた気がした。しばらく通い詰めるうち、大女将が菊づくしの色留袖を出してきたのである。その刺繍があまりに見事で、「お安くしておくわよ」の一言に、つい購入した。色留袖への憧れもあった。

「バカね。こんな菊ばかりの色留なんて、誰も買う人いないわよ。安くするの、当たり前よ」

と、私の素人ぶりを愚弄《ぐろう》するかのように、前述の日舞名取女子からお叱りをうけた。

一般には、菊文様は通年着られるといわれているのだが、たしかに、菊の刺繍が見事過ぎて秋の印象が強いのかもしれない。間違った買い物をしたのかと落ち込みつつ、実は1度、春の結婚式に着てしまった。このときは皇室と縁の深い神社だったので菊文様でよく、秋に斎行された遷宮式に菊はふさわしい文様だったと思っている。そして、このきものは、口切りの茶事でも大丈夫ではないか、とも考えた。

秋といえば、炉開きの季節。口切りの茶事である。炉を開けて、新茶を頂く。11月はお茶人にとってはお正月のように改まったすがすがしい始まりの季節である。5月上旬から6月に摘みとられたばかりの新茶を詰めた茶壺。封を切って、新茶を取り出し、茶葉を石臼で挽《ひ》いて新茶を頂ける。そんな茶事に参席できたりしたら、実に幸せだ。

昨年、初めて口切りの茶事に寄せて頂いた。初日ではなかったので、目の前で茶壺を切られる瞬間は拝見できなかったが、開炉では何から何まで新しくする茶の湯の根底にも、「常若」の精神があると感じた。

お菓子は、もちろん亥《い》の子餅。開炉だからイノシシが重要である。昔から、炉開きは亥の月亥の日が選ばれている。

陰陽五行では、亥は「水性の陰」。火に勝つとされている。ゆえに亥の日の亥は、火の禍を免れるとされた。そこで亥の月亥の日に火を使い始めれば火事にならないと信じられてきた。亥の重なる亥の日は「玄猪《げんちょ》」と呼ばれ、日本の宮中でも多産であるイノシシにあやかり、子孫繁栄を願い、大豆、小豆、大角豆《ささげ》、胡麻、栗、柿、糖《あめ》の7種の粉、新米で「亥の子餅」を作った。この話は『源氏物語』にも登場する。

京都御所の西にある護王神社では、11月1日に亥子祭が開かれる。宮中の「御玄猪《おげんちょ》」を再現。境内でお餅をつき、それを御所に届ける。行列は蛤御門から清所門へ向かう。夕闇の中、京都御所へと参列者の提灯が連なる様には趣がある。

炉開きのお茶席か、料理屋か。11月の京都は、どこかで亥の子餅を頂く機会に恵まれる。しかし、護王神社の「つきたて亥の子餅」が最も美味だと私は感じている。

南座開場式に何を着る？
「おしろいの匂い」がしまっしゃろ

その日、私は朝からそわそわしていた。四条の南座が、耐震工事を終えての開場式が待っていたからだ。舞台には、歌舞伎役者100人が勢ぞろい。かつ役者による「四条通の御練り」が企画されていた。南座は約400年前、京都で歌舞伎小屋として出発。経営母体の松竹としても力が入っている様子だった。分不相応ながら、その開場式にお誘いを受けた。ご招待を受けた女性実業家の、同伴者代役としてお声をかけて頂いたのだ。

さあ、何を着ようか。

もちろん和服である。代役に私を選んでくださった方に恥をかかせてはいけない。役者が100人。衣裳にこだわる坂東玉三郎丈もおいでだ。実は舞台からは客席がよく見える。前の数列に座ると、役者とよく目が合うのだ。面白いきものを着ていると、はっという顔をする瞬間を私は何度か目撃している。

さりとて、派手なきものを着ては浮く。会場には、関西政財界の重鎮に加え、芸舞妓、お家元、女将さんたちも座られるはず。おそらく淡い色の、いわゆる「はんなり」系のおきものを召されるのは想像がついた。4月の「都をどり」のときに見かける、お母さんたちの装いだ。

そこで、私は母の形見の、黒の訪問着を選んだ。パッと見は黒なので、色としては黒服のスタッフや洋装の男性客に紛れる。黒とはいえ、裾と背中から右手にかけて、赤の絞りでの切り替えが斬新で、奉祝モードは演出できる。問題は肩と膝から下の絞りの部分。雨だと伸びるので避けるべきだが、京都は雨があがったので、これを選んだ。

さて、赤い扉の南座の前。女性実業家を待った。次々にやってきたのは、華やかな衣装に身を包んだ芸舞妓たち。だらりの帯がこれだけ揃うと目移りする。

しかし、それ以上に期待していたのは、彼女の装いだった。なんといっても、きもの通なのである。芦屋生まれで実業家の父を持つ彼女は、幼いころから日舞を学び、一流のきものを見て育った。嫁入りの際も、彼女のために誂《あつら》えたものばかり。お母さまのお下がりはひとつもなかったという。社会に出てからは実業家として稼いだお金で和服を買い続けるのだが、いずれも人間国宝による作品だ。私のとは桁が違う。ゼロがひとつふたつ違うのである。その彼女と2ショット撮影を、心から楽しみにしていたが――。やってきたのは、ピンクのスーツを着た女性だった。彼女は洋服で現れたのだ。まったくの想定外。なんという肩透かし。憧れの2ショット計画は露と消えたのだろうか。

「東京は雨だったから。きものが傷むから止めたのよ」

なるほど、雨だったかもしれない、でも、でも、でも……。

気を取り直して考えてみた。きものが傷むから――。これは私に無かった発想である。もしかして私には、「きものリスペクト」が足りないのだろうか。お祝いだからと、新生南座と役者のために和服を纏おうとした私だが、彼女の「きもの愛」は、その上を行くということか。

そういえば、母も留袖や龍村の帯には気を遣っていた。その日、私が着ていた黒の訪問着は友人の披露宴に何度か着たが、帰りにお茶のお稽古に行くと言った

はんなりを着こなす自信がない私は
母の形見で南座へ

ら、母は烈火《れっか》の如く怒った。正座で躙《にじ》ったりしたら、膝のあたりの絞りが伸びるというのが理由だった。たしかに、母が正しい。

ふと、誉田屋社長の話を思い出した。「彼らは、きものを神さんと思ってるからね」と。彼らとは、祇園で有名だった齋藤兄弟のことである。兄は老舗「ぎをん齋藤」六代目当主。弟の富蔵さんは天才的絵師だった。

兄は、店で販売を担うのだが、ハサミを店の神棚に置いているのだという。着尺に入れるハサミは、神棚にお祀《まつ》りするほど貴重なのだ。お客さんの身長を見て、すっとハサミを入れるのだという。そうなったら、買わざるを得ない。巧みだ。

万が一、そこに染めの漏れがあったりしたら、「ええオミヤついてますな」と言って、お客さんが得をしたという空気を上手に作り上げる。きわめて京都的だ。そんなだから、ぎをん齋藤のきものは、皆が大事にしてきた。

他方、弟はといえば、若き日の源兵衛さんに、仮絵羽《かりえば》を見せてこう言ったという。

「おしろいの匂いがしまっしゃろ」

え？　新品なのに、おしろいの匂い？　どういうことや。まだ芸舞妓が纏《まと》ったわけでもないやろし、実際に、おしろいの香りはしない。と、20代の源兵衛さんは意味がわからず、数年、悩んだそうだ。

つまりは、「気配」なのである。「おしろいの気配がするような仮絵羽」という意味らしい。それが、ほんものの祇園の「はんなり」だったと彼は回想する。いまは、そんな仕事ができる人が祇園にはいない。いや、もう日本にはいないのだと嘆きながら。

そう言われると見たくなる。どんな色なのだろう。源兵衛さんにしつこく質問してみたが、言語化は難しいらしい。少なくとも、令和の南座開場式には、おしろいの匂いの気配がする、きものはなかったという。うーん、そうなると、ますます見たい。買いたい。纏いたい。中古市場で、出てこないかしら。誰か手放してくれたら嬉しいのに。

実際、富蔵さんに作ってもらえた人は絶賛する。彼は着る人の顔を見て、顔に合った色を決めて、御所解などの絵を描いたという。究極に贅沢な誂えである。そんなやりとりを経て作られたきものだったら、きものリスペクト度が高くなるのかもしれない。いや、最初から優れた呉服店と出逢い、正しく和服のイロハを習えば、もっと違うスタンスになるのだろう。ガサツな私でも、「きものを神さん」みたいに思って接しただろうか。

思えば、私はアリモノの食材で料理をするように、「きもの活」をスタートさせてしまった。そろそろ「きものを神さん」と崇《あが》めるようにと、教えられているのかもしれない。

「襟は白。キャスター時代の貴女はどこへ行ったの？」

昨秋、フェイスブックにあげた写真を見て、「きもの通」からコメントが届いた。

「アンティークの帯ですね！」

良いとも悪いともとれるコメント。電話をして確かめた。

「アンティークなど止めなさい。貴女くらいになったら、みっともないわよ。昔の人のほうが絵は上手というなら、良い職人抱えている呉服屋さん紹介するから」

コメントの主は、例の女性実業家である。貴女くらい、というのは、年齢を言うのだろうか。もう若くないのだから、それなりの服装をしろ、と。

掲載写真は、北野天満宮の「ずいき祭」の山車《だし》の前。私は単衣《ひとえ》の色無地に菊の刺繍帯。祭で練り歩いた友人との記念写真と、私の後ろ姿だった。お祭のような屋外イベントでは、カジュアルで、でも季節感を出すために締めた菊の帯。アンティークだけど、安っぼくはないはずだった。

実は、この前にも、別の、「きもの通」大先輩から、激しいダメ出しを食らっていた。あの日、私の装いは、よほどひどかったのだと思う。

「襟は白。色がついていたら、不潔な感じがするでしょ。NHKのキャスター時代の貴女はどこに行ったの?」

こう雷を落としたのは、京都の女性経営者である。手取り足取り教えるより、相手の力量を試しつつ、ダメなときはダメという。亡き母と似たタイプだ。

あの日、お能にまつわる催事でご一緒した。私は羽衣の刺繡帯を締めていた。大昔に買ったアンティークだ。きものは青系の色無地だったと思う。襦袢は白茶色。鮮やかではないが風神雷神の型染めだった。翌日、風神雷神の帯を締めるつもりだったので、それに呼応させていた。問題は半襟だ。同じ色でふくれ織。お店に勧められて、付け替えていたのだった。これが良くなかった。そして、こうも指摘された。

「この帯揚も……。まあ、帯の色に合わせたのかもしれんけど。絞りでも入ってたら、よかったかもしれんな」

帯揚は橙色。羽衣の装束の橙色に合わせた。私には何より色が大切だ。おそらく生地が問題なのだろう。タイのバンコクで買った、お土産用のシルクのスカーフを使っていた。桐箪笥には母のが、何枚もあった。が、総絞りの帯揚は厚くてモコモコとなるので避けていた。それに比べて、タイのスカーフの便利なこと。色が豊富だし、薄いので、扱いやすい。シルクだから問題ないと、初期から使っていた。

「私は帯締と帯揚を見るんですね。帯締も丸いでしょ。平らなら、よかった」

帯締は丸いほうが締めやすいから、つい丸組を選ぶ。ラクをしたのである。

それにしても、帯締と帯揚――。盲点だった。誰からも教わらなかった。母の帯締がたくさんあって、色で選んでいた。無ければ買い足したが、丸か平かは後まわし。色を優先していたのだ。省みれば、お手ごろなアンティークのときは小物の格を落としていたのは否めない。帯締も帯揚も、高級なものを締めるつもりなど最初から無かったのだ。

さらに、もうひとつダメ出しが出た。草履だった。

京都は履物を脱ぐ機会が多い。茶の湯でも、料理屋でも、脱いだときのことを計算して、いつもなら、ちゃんとした草履を履いていたのだ。なのに――。

♫「どうしてなの？　今日に限って、安いサンダルを履いていた」♫

ああ、ユーミンの歌声がこだまする。バカバカバカ。明らかに私のミスである。翌日、雨が降る可能性もあり、濡れてもいい草履を履いていたのだ。スニーカーの会社とタイアップしたという、裏が消しゴムのような草履を。天気のことより、脱いだときの見られ方が大切。そこを忘れていたのだ。

ダメ出し連投に、さすがにへこんだ私。この話を、誉田屋の社長にしてみた。

「どんな草履履いてたんや」

――今日、履いています。

「あかん、こんなの。どんな土砂降りでも、ない藤を履かな」

「祇園ない藤」は高級草履で有名な草履屋である。値段だけのことはあって、ものすごく履きやすい。前坪《まえつぼ》が赤いので、脱いだときに、すぐにわかる。お茶席などの下足で、「アキオさんの草履、これ、ない藤さん?」と言われたこと、何度もある。高いと聞いていたので、蔵出しセールで買っていたが、誉田屋社長の一言で、さらに増えた。

そういえば、東京でもビジネスの世界では、靴は値踏みのポイントだった。どんなに仕事ができる男子でも、靴がくたびれていると尊敬されない。

そうなのだ。私が最初に彼女に会ったときは、NHK総合の帯番組で司会をしていた。常に人から見られていて、いい意味の緊張感があったのだ。どこから見られても完璧にせねば。少なくとも、身だしなみはちゃんとしていた。

しかし、露出しなくなってからは、そうした自意識過剰はすっかり消え、手抜きのオバハンになっていたかもしれない。もちろん、訪問着や色留袖を着たときは、ビシッとしているだろう。しかし、自分で着るときは普段着感覚になっていたかも。手ごろな値段のアンティークの帯だから、和小物は、ラクなのを選んだともいえる。

あれ以来、まずは襟をすべて白に替え、飛び絞りの帯揚を「井澤屋」の年末セールで大人買いした。帯締も、できるだけ丸組は避けている。

きものをからだに馴染ませるには場数が必要。外を駆けずり回るからアンティークが気楽。そうした初級パタンから、中級を目指すべき段階かもしれない。還暦過ぎには、それ相応の身だしなみ。ビシッと指摘してくれた二人のお姉さまに感謝。

ない藤の草履は、赤い前坪が特徴

稲穂文の帯は万能
お火焚き、新嘗祭、お正月、初午祭まで

気になる帯があった。いまから6年ほど前。ネット上のことである。稲穂文《もん》の帯。黄緑の葉とともに、白地に黄金の稲穂が描かれたその帯の存在が引っかかっていた。「山口織物」の新品。べらぼうに高いわけではない。でも、即決していいかどうか。うーん。

保留にして1年。まだネットショップには残っていた。私に買えということだと思い、購入した。幸い、お店は京都だったので、実際に出向いて、色を確かめた。そして二部式に仕立ててもらった。

たぶん東京にいたら目に留めなかった稲穂文。京都で神社に通い詰めたから気になったのだ。

五穀豊穣への感謝——。京都に来てから、この言葉を何度耳にしたか。穀物が豊かに

実ったことへの心からの感謝。先人たちがそうしたように、京都人の暮らしには、根底に五穀豊穣への感謝がある。

若き日の私は、お米を食べると太ると思い込んでいた。くびれたウエストをキープさせるため、極力、白米は食べずにきた。西欧化が進むなかで、お米を口にできることのありがたさを忘れてきたのだ。あるいは、忘れるように持ち込まれたのかもしれない。だが、白米は美味しいのである。いまでは、日々お米無しでは生きられない私に変わった。

稲穂が尊いもの、と気づかせてくれたのは、神社だと思う。納めるときには「初穂料」。新嘗祭《にいなめさい》には、本殿に稲穂がかけてある。直会《なおらい》は濁った白酒《しろき》だ。この日のために新米で醸造されたお酒である。そう、日ごろの神事の直会の中身も、お神酒《みき》と米粒5つだったりする。お神酒もお米からできていることに改めて気づけば、しみじみとお米のありがたさを感じるようになる。そして、稲穂の帯があったらいいなあ、と思い始めたのだった。

ふと気づけば、お祭に稲はつきものだ。上賀茂神社、伏見稲荷大社、伊勢の伊雑宮《いざわのみや》。お田植祭を見に行けば、小さな早苗がかわいくてたまらない。祇園祭のお神輿《みこし》の上の青稲。黄金のお神輿の上に乗った青稲の、あの瑞々しいこと、神々しいこと。次第に稲の存在が私の中で大きくなり、愛おしくなるのだった。

そして、秋は収穫の季節。京都の11月には五穀豊穣に感謝するお祭がたくさんある。神社の新嘗祭は、その名の通り全国の神社で斎行されるが、もうひとつ、京都で盛んな祭に、火焚祭《ひたきさい》がある。11月に入ると、京都のそこかしこで煙が上がり始めるのだ。

【おひたきや 霜うつくしき 京の町】

与謝蕪村がこの句を詠んだのは旧暦の11月。いまの12月だから、霜が降り、うっすらと白く覆われた木造家屋に赤赤と燃え盛る炎が映え、あったかさを際立たせたに違いない。

火焚祭は江戸時代、日本全国に広まった。町では火や竈《かまど》を使う商家が火の神さまに、村では収穫祭のタイミングに農家が、1年の無事と収穫を神に感謝し、火焚祭を行った。お商売の家では日ごろから庭に祠を建てて神を祀《まつ》り、かつ年に1度、お休みして、一同で火を焚いた。蜜柑や季節の野菜を供え、事故がないよう無事を祈ったのである。刀を打つ鍛冶屋が、製鉄で風を送る「ふいご」を休ませる「ふいご祭」も、そのひとつだった。

その風習が、京都ではいまでも続いている。7日は貴船神社、8日に伏見稲荷大社、10日の白雲神社、18日は上御霊神社、23日の車折神社に加え、22日の広隆寺や28日の清荒神（護浄院）など山伏が執り行うお寺もある。ほかに風呂屋や飲食店など火を扱う商家でも各々火焚祭を行っている。

美しい紅葉を背景に、炎が龍のごとく踊る貴船神社も見逃せないが、大規模なのは、伏見稲荷大社である。赤い鳥居の連続の写真がウェブで評判になり、いまや外国人観光客でごった返している。江戸時代以降、商売繁盛の神さまとして人気を博してきたが、本来は農耕の神であることが火焚祭でわかる。五穀豊穣に感謝すべき神社なのだ。

午後1時からの本殿祭では、祝詞《のりと》が奏上された後、神楽女《かぐらめ》の舞が捧げられる。実はこのとき、外の向拝中央の石畳で、新藁に斎火《いみび》が点《つ》けられる。これが稲荷大社本来の火焚祭だ。稲荷神は山から敷地内にある神田に降臨し、稲を育ててくださった。新しい藁を燃やすのは、稲荷神への感謝の表れであり、その煙に乗って神さまがお山に帰られる、と考えるらしい。

注目を集めるのは、午後2時から。神職ご一行は少し奥にある「神苑祭場」に移り、大々的な火焚祭が始まる。そこには3メートル四方、高さ1・5メートルの井桁《いげた》に組まれた巨大な火床が3基。神職らが大祓詞《おおはらえのことば》を唱え続け、燃え盛る炎の中に、全国の崇敬者が奉納した10万本以上の火焚串が投げ込まれていく。炎の前で白装束の神職が両手を広げて下から串を投げ入れるシルエットが清々しく、溜息がでるほどだ。

　夕方は本殿前で御神楽が奉納される。平安時代の宮中行事を模したもので、雅である。

　五穀豊穣の神と知ってから、伏見稲荷大社への参拝には、稲穂の帯を締めるようになった。新年の初午祭にも稲穂である。穀物の神が初午の日に降臨されたとされることを祝ってのお祭だからだ。実際、その日の本殿には関西一円の企業経営者をはじめ、膨大な人たちが商売繁盛祈願に押し寄せている。そして、「おしるしの杉」が授与されるのだが、これは昔、紀州まで熊野詣をした人々が帰りに伏見稲荷に寄り、杉の枝を持ち帰ったという伝統の名残である。

　稲穂の帯は息が長い。11月の火焚祭と新嘗祭から、2月の初午祭まで。お正月にも稲穂の帯を締めることがある。稲穂文を纏《まと》うと、自然からの恵みに対しての感謝の気持ちが倍増するから不思議だ。

初穂の帯で五穀豊穣に感謝

色無地の最高峰は「小石丸」帯は平家納経を締めてみた

京都に来るまで、滅多に色無地は着なかった。箪笥には、私のために母が用意してくれていた紗《しゃ》と単衣《ひとえ》、あとは、地味ではあるが、母の袷《あわせ》の色無地が数枚あった。それだけあれば乗り切れる。だから自分で色無地を買うつもりなどなかった。

ところが、京都で暮らしてみたら、やたら色無地の出番が多い。月釜では便利なのである。歳時や季節の花を纏《まと》うなら、帯で遊べばいい。狭いお茶室で、きものの柄が主張しすぎても、うるさいこともある。そう気づいた私は、何枚か買い足した。

しかし、なんといっても色無地最高峰は、小石丸だ。新小石丸という、ほかの品種とかけあわせた繭《まゆ》からできた白生地も出まわっているが、前述の誉田屋源兵衛《こんだやげんべえ》は、皇室の小石丸を手掛けた業者からの持ち込みで白生地を手掛けた。なので、100%小石丸なのだ。しかも、地紋は桐竹文。かつては天皇だけの文様とされていた高貴な地紋である。

その小石丸を、ついに染める日が来た。色は誉田屋社長にお任せした。そのころの私のイメージは紫だというのだ。深い紫は好まないと伝えたら、本紫に決まった。実はそれまで色がなかなか定まらなくて保留にしていたが、コーディネーターとして登壇する機会が巡ってきて、決断したのだった。

というのも、登壇者が千宗左氏（表千家十五代家元）、池坊雅史氏（華道家元池坊事務総長）、蜂谷宗苾《そうひつ》氏（志野流香道二十一代家元後嗣）と、日本の伝統文化を担う重鎮たちだったからである。年に1度開催されるフォーラム、その年のテーマは「感染症を乗り越える～道《どう》の文化と京の歴史～」だった。家元のご登壇となれば、中途半端な服装では出られない。ならば小石丸。背中を押された気がした。

フォーラムの主催は、「明日の京都 文化遺産プラットフォーム」である。この団体は、「100年先に向けて、京都の文化遺産を守り育み、創造する」ことを目指している。賛同者は、第8代ユネスコ事務局長、伝統芸能の家元たち、宗教関係者、京都府・市、文化人、暖簾《のれん》を継ぐ人々など、京都の未来を心から案じている人々が、立場を超え、複眼的な意見を交わしながら運営している。私はその企画調整委員なのだ。

そもそも防災の観点から文化財をどう守るかを考えるところからスタート。「明日の京都」が手掛けることは多々あるが、柱のひとつに水の活用がある。壮大な計画は御所水道の復活。私が関わっているのは「天水バケツプロジェクト」である。雨樋《あまどい》に穴をあけて管かヒモを入れ、雨水をバケツに貯めることを提案している。天の恵みに感謝しつつ、雨水を日常生活に活用し、かつ火災の初動の火消しに役立てようというものだ。京都市民の草の根から、全国に広がることを願って進めている。

さて、フォーラム当日の装い。帯はどうしたものか。私の箪笥に収まる誉田屋の帯で、本紫の小石丸に合うのは何か相談してみた。

「ダイバボンやな」社長はそう呟《つぶや》いた。「ヘーケノーキョーや」

この「ヘーケノーキョー」という音を初めて耳にしたのは、京都に来る前、誉田屋の番頭さんからだった。音だけで「ノーキョー」と聞けば、まず農協が浮かぶ。次に能と狂言の略？　といった具合。せめて「納経」が浮かべば、平家の2文字に行き着いたかもしれない。ようやく平清盛が納めた経典、つまりは「平家納経」だと思いついたものの、清盛が平家一門の繁栄を祈って厳島《いつくしま》神社に法華経《ほけきょう》を納めた史実など、ドラマで見ただけで、すっかり忘れていた。それも、ただ墨で写経したものではなく、品《ほん》（章）ごとに各々立派な絵師に描かせて納めたなどとは、全く理解が及んでいなかった。

番頭さんは、この帯を私に見せながら、アキオにぴったりだと言った。なぜなら、彼がバリ島を訪れた折、そっくりの絵が飾ってあって驚いたという。つまりインドネシア研究をして、女性初の大統領メガワティの評伝を書いているアキオと、何か縁があるのでは、とのことだった（社長はインドでも、この絵を目撃している）。

しかし、乗れなかった。どう見ても可愛くないのである。この図柄が。

何ですか？　このクジラみたいなもの、と別の日に社長に問うてみた。

「カイギョや」

は？　カイギョって何です？

とまあ、私の疎いこと疎いこと。法華経の中身を知らないのだから、その絵が、法華経のひとつ「提婆品《だいばぼん》」の表紙で、中身が女人成仏だなんて、どうやって想像できよう。つまり、女性は成仏できなかったが、龍王として成仏できると説いたのが「提婆品」の内容らしい。その表紙の

成仏をお祝する怪魚たち。
提婆品の表紙絵を帯で表現

絵に、龍王を祝福する「怪魚」4匹が描かれていて、その絵を帯にしているのである。しかも、さらなる続きがある。社長がこの帯の構想を練っているときに、誉田屋ファンの女性がいきなり会社を訪ねてきたというのだ。

「弟が厳島神社の宮司だから、国宝の実物を見せるようにアレンジしましょう」

と言い残したというではないか。そんなドラマのような偶然を聞かされた私は、この帯には何かがあると思わずにいられない。買わないわけにはいかなくなった。

さて、フォーラム当日、皆の反応はいかに。登壇された方々は、私のきものなぞには目もくれず、しかし、「明日の京都」面々の間では、色々声が出ていたらしい。男性のほとんどは、帯がスゴイかもと噂したという。もちろん、「平家納経」とは知らず、織物としての印象だ。ところが、女性がひとり、きものに目をつけた。西陣で育った彼女は、相当の目利きだった。小石丸の輝きを見抜いたのである。

次に小石丸を纏うときは、鳳凰文の綴《つづ》れ帯を選ぶと思う。地紋の桐竹に鳳凰が舞い降りる。皇室から解禁された小石丸に鳳凰が舞う。そんな自分を想像したら、それはそれで身震いがする。

師走

「おことうさんどす」
「事始め」は京都の誰もが忙しい

紬《つむぎ》は仕事着といわれてしまう京都ではあるが、師走なら、結城紬を纏《まと》って走り回っても違和感ない空気である。それほど皆、忙しく動き回る。「正月事始め」の後は特に。

結城紬は、祖母の家に反物として残っていた。桐箪笥の中にはなく、ごちゃごちゃした物の山から見つけ出した。小豆色というか、海老茶色というか、きものを着始めたばかりだった私にとって、スルーしそうな色だった。一応、文様としてところどころ、赤い花と金の葉っぱで桐が織り込まれているが、特に私を魅了したわけではなかった。なにせゴミと見間違う物の中に埋もれていたので、親戚の誰も興味を示すことなく、結局、私が持ち帰ってきた。

糊がついたままでパリパリした反物をどうしたものか。東京で、「市田」の塩尻さんに相談してみると、産地に送ってくれた。そうしたら、ほわっほわっになって返ってきたのだ。これが結城紬の手触りなのか、と驚いた。

句会に着ていったら、故・坂東三津五郎丈がすぐに気づいた。「結城はいいねえ」と袖を触りながら、感動していた。市田の展示会に呼ばれたときも、結城産地の人が飛んできた。「触ってもいいですか。こんな柔らかいの、もう作れないです」

たしかに、纏っていると温かい。裾回しをきれいな薄紫にしたので、少し明るい印象に仕立てあがった。思えば、薄紫にしたのは正解で、実は、桐の花は紫色だということを、私は京都で知った。上賀茂神社の境内に桐の大木があるからだ。賀茂競馬《くらべうま》（前述）の際、上からくるくると何かが降って来る。それが桐の花。ベースが淡い藤色で、そこに濃い紫の粉をふりかけたようなドットを持つ花である。

祖母の結城紬を纏うと、守られている気がする

祖母の遺品整理は、叔父と叔母たち、いとこたちにも呼びかけ、思い出をたどりながら皆で作業した。祖母がゴッドマ

ザー的に仕切ってくれたおかげで、お正月は皆で祖母の家に集うことができた。きものの整理に至っては、叔母たちとは興味の対象が違ったため、夏きものは私のところにやってきた。白い小千谷縮《おぢやちぢみ》が涼しげで喜んで着ていた。だが、縫い糸が、ほつけてきた。昔の織物は丈夫でも、縫い糸は経年に勝てないらしい。ならば、一度解いて洗い張りに出そう。塩尻さんに預けると、またまた、びっくり。真っ白になって返ってきたのだった。

あれ？　祖母の小千谷縮は、淡いグレーではなかったのか。あれは、経年による汚れだったというのか。塩尻さんが送ってくれた先は、新潟の十日町。そこから「雪晒《ざら》し」に出した結果、真っ白に生まれ変わったのだった。おそるべきオゾン層の力！　ぜひとも現場を見てみたい。

数年後、雪晒しの現場にご案内頂いた。畑一面に積もった雪の上に、反物が次々広げられていく。雄大な雪山を背景にしながら、真っ白な大地に並んだ反物を見ていると、人間の営みはちっぽけだと感じてしまう。他方、自然と共生しながら、蒸発する雪で麻の汚れが落とせると気づいた先人たちの知恵には脱帽である。

さて、結城を纏った私は、上からコートを羽織って京都の師走を走るのだが、12月13日になると、京都の風景は一変する。「正月事始め」。お正月の準備に入るからだ。

「事始め」という言葉は、京都に来てから知った。過去写真を誰かがフェイスブックにアップ。祇園町を数名で歩く芸舞妓さん、京舞家元のお稽古場から出てくる芸舞妓さんの写真を見てしまったのだ。色とりどりの小紋などを纏っている。

京都では宴席に、だらりの帯の舞妓さんが呼ばれ、舞を披露したり、お酌をしたりしてくれることは珍しくない。私個人で、花代割り勘で知人とお座敷遊びをしたこともある。そんな席では、男衆《おとこし》さんに着付けられて隙のない振り袖姿で現れる。素人の私が真似できる着こなしではない。だが、写真を見る限り、この日の舞妓さんたちは小紋なのである。芸舞妓の屋外での立ち居振る舞いも見たいと思った。

この光景には、どこで会えるのやら。わけもわからず、祇園に出向いて驚いた。花見小路の「一力茶屋」の前に、黒山の人だかりができていたのだ。お世話になったお茶屋さんなどに挨拶回りに出る芸舞妓を狙っての、カメラおじいさん、おばあさんたちである。あ、一力茶屋から誰かが出てきた。一斉にカメラを構える。その暖簾《のれん》のあげ方も美しいのだが、ある雨の年、はっと息を呑む光景に出会った。雨ゴートを羽織るので、きものは見えないのだが、お姉さん（芸妓）が二人、蛇の目を広げる姿が美しかったのである。傘を上に向けるのではなく、下に向けて広げた。こういう所作は若い舞妓には難しいかもしれないが、以来、私も、洋服でも傘は下に向けて広げるようにしている。

この日のニュース映像では、主に京舞井上流五世家元・井上八千代さんの家兼お稽古場の中が映される。門弟たちが届けた緋毛氈《ひもうせん》に並んだ鏡餅を背景に、舞妓さんがご挨拶し、井上先生が舞扇を渡される様子である。飛び交う言葉は、「おことうさんどす」「来年もおたの申します」「おきばりやす」である。「御事多さん」は、お事が多くなりましたねというようなニュアンスで、年末にしか言われない。「おたの申します」「おきばりやす」は普段も使う。この二つ、花街を中心にした独特の言い回しだが、最近は自然に私の口からも出るようになった。

事始めというのは、花街に限ったことではない。たとえば、茶道・華道のお家元のところにも、老舗の商家や社寺にも、弟子や出入りの業者が挨拶にいく。いまも続く伝統だ。20日朝には、東西本願寺で煤払いが行われる。蓮如の頃から500年余り続く。門信徒や僧侶ら約350人が集まり、一斉に煤払いをし、新年を迎える準備を整える。

そんなニュースに背中を押され、私が掃除に勤しむといえば、さにあらず。雑事に追われ、祖母の結城紬を纏って、忙しく走り回るのがせいぜいである。

パーティシーズン到来
花柄小紋と大人の振り袖

東京で、和服を着るには理由が必要だ。

「きものなんか着て、何かあるの？」

この質問を何度あびせられたか。きものは何か特別な行事に限るということか。いや、違う。授賞式で金屏風の前で挨拶する際に和服を纏《まと》ったときでさえ、「きものなんか着て、どうしたの？」と言われてしまう。ショックだった。少なからず、それは私の中でトラウマになっている。

きものを着たとき冷たい目が飛んでくるのは、バリバリ仕事をして忙しい30代、40代男女からが多い。大人の集まりに幼子を連れてきたような、デジタル社会にアナログ人間が紛れ込んだような、アウェイな空気が作られる。浴衣が普及して少し変わったかも、と期待して訊ねてみたが、ハレの日でなければ和服はおかしいと彼らは言い切る。少なくとも東京の働きざかり世代には、きものは遠い存在らしい。

背景となる建物も影響しているだろう。高層ビルの並ぶ風景には、古典的な和柄はなじみにくい。いきなりお正月がやってきたか、披露宴会場になったかのような印象を与える。しかし、当時の私は、そうした柄は着ていない。それでも……であった。

そんな空気の大都会で、違和感を抱かせないコーディネートとは何か。ずーっと考えている。どういう文様だったら浮かないのか。きものを広めたい私の、密かな課題でもあるのだ。

せめてパーティの場では、和服を纏うことを定着させたい。受賞や長寿の祝宴、クリスマスパーティ、ちょっとした会食の席で、こういう装いもあるのだと目で慣れてもらうしかない。その考えは、京都に来てからも変わらない。

無難なのは、花柄の小紋である。帯に無地か幾何学文を選べば、ワンピースと太いベルトの感覚で溶け込める。実際、黄緑の濃淡の花柄に差し色で赤い花が描かれた小紋を着てでかけたら、「きもの、こういう柄ならいいわよね」と何度か言われた。もともと洋服でユキトリキ・デザインの花柄をよく纏っていた私は、和洋折衷のような花文様の小紋を好んで持っていた。和服でも洋服でも花柄を纏うことに自分が慣れていたと思う。

あるいは、黒地の飛び柄小紋もいい。黒系のスーツやドレスが主流の東京の宴席では、色で浮くことはなく、しかし、季節感のある帯を締めたら、それはそれで話題になる。ハロウィーンやクリスマスはまさに好機で、遊び心満載のきものや帯を纏うと、会話が始まる。きものは、貴重なコミュニケーション・ツールなのだ。

黒系飛び柄小紋に注目したのは、人間国宝の京舞井上流家元・井上八千代さんの着姿を拝見したからだ。日本の伝統文化について考えるサロンで数回ご一緒したことがある。桜名残の季節には桜の花びらだけが飛び、クリスマス前には赤みがかった黒に赤い丸紋が飛んだ小紋、赤い更紗の帯を締めていらした。舞台では怖いくらいピリッとしたオーラを放つのに、普段は柔らかくお茶目な印象である。裾窄《すぼ》まりのシルエット。襟合わせも美しい。いつお目にかかっても「大人はんなり可愛い」のお手本のような着こなしで、ため息がでる。私がターコイズ系無地を着ていたら、褒めてくださったこともある。

さらに私が提案したいのは、大人の振り袖だ。どんなすばらしいドレスを着ても、日本の振り袖にかなうものはない、とは学生時代からの持論だ。謝恩会のとき、私は振り袖を纏って司会をしたのだが、ドレスを着た女子よりも、振り袖姿のほうが、ずっと存在感があった。昭和には、まだ上手な絵師がいたのだと思う。絹という素材、文様の力、染色技術。ちょっとしたドレスより、はるかに重厚感があった。

　アンティークの世界では、贅を尽くした振り袖が市場《しじょう》に出てくることがある。昔は日本画家が、きもののために筆を執った。だから絵がすばらしい。私も、銀座「かわの屋」で、熊谷好博子《くまがいこうはくし》の振り袖に出逢っている。地の色は、私好みの快晴のような青。裾に橙と白のカトレアが大胆に刺繍されている。なんと美しいことか。作品として、目を奪われた。が、本振袖である。途中で袖を裁断できるような柄行きではない。手に入れたはいいが、果たして、これが活躍するようなパーティがあるだろうか。

　自分が主役でなければ、出版記念会で振り袖はNGだ。しかし、受勲のパーティがある。古希や喜寿のパーティがある。主役が自分より年上で、会場が三井倶楽部や目黒雅叙園のような、明らかに立食で大勢集まりそうな祝宴では、本振袖がちゃんと収まる。結婚したら振り袖NGでも、いま独身ならいいじゃないか。いや、子育てが終わった女性なら、堂々と振り袖を着たらいい。実は、眠っている振り袖を再び着るチャンスとして、大人の還暦祝を提案したことがあるが、行政の負担が大きすぎると却下された。

　とはいうものの、さすがに京都では、いい歳した女子が振り袖を着たら顰蹙《ひんしゅく》を買うだろう、と思いきや、巡ってきたのだ、振り袖の出番が。

それは、クリスマスのころ開催された、「鹿鳴館」をテーマにした茶会だった。会場は、嵐山より西の亀岡にあった料理旅館「楽々荘」。明治の財界人・田中源太郎の別荘だった。彼は、貴族院議員も務めている。名作庭家・七代目小川治兵衛による庭には、明治の洋館もあり、当主が茶室を造営していた。そこでは茶事はもちろん、若手が手がける「茶《ちゃ》狂《ぐる》会《いかい》」が毎月、開催されていたのだ。年末には「鹿鳴館茶会」が企画された。最初の年は貸衣装のドレスで参席したが、2年目に、このカトレアの振り袖を纏ったのである。

明治に建てられた洋館には不思議と本振り袖がよく馴染む

他の女子はほぼ全員ドレス。男子はモーニングに山高帽で。振り袖は私ひとりだったのだが、橙色のカトレア、負けていなかった。

12月はパーティシーズン。ワンピースの代わりに小紋、ドレスの代わりに振り袖が当たり前の光景となる日がやってくることを願って止まない。

「をけら詣り」と除夜の鐘
「根引きの松」に驚きつつ

四半世紀は前になる。その年の大晦日、私は京都にいた。ある京町家にお邪魔して、坪庭の白い侘助《わびすけ》を眺めていたのだ。そう記憶にある。

暗闇の中に浮かぶ白侘助。ちょっと怪しいような、しかし、慎ましやかで、どこか儚《はかな》げな気配。椿でありながら、いわゆる椿の持つ華やかさとは真逆かもしれない。そこには何人かいたと思う。静かに白侘助を眺めているだけで、とても満たされた時間が流れていた。昭和の巨匠たちの映画の中に、なぜか私も存在しているような、30代の私がひとり大人の世界に紛れ込んだような、夢とも幻ともとれる映像が、頭の裏に残っている。

その場で何を話したか覚えていない。わかっているのは、私を京都に呼び寄せてくれた女性の存在と、その京町家のご夫妻のこと。さらに思い出すのは、火のついた縄を、ぐるぐるとまわした光景。皆で神社に出かけたような、少なくとも私は、火縄をまわしていたような、そう、「をけら火」の炎の残像も、私の中にある。記憶は、そこでおしまい。翌日迎えたはずの、お正月のことは何も覚えていないのだ。もしかすると、後半は夢かもしれない。私の妄想かもしれない、しかし、白佗助を眺めたのは確かだ。京都で暮らすようになってからも、そのお宅にお邪魔している。レイアウトは私の記憶と同じだし、白佗助も同じ位置にある。だとすれば、私がそこを訪れたのは、大晦日ではなかったのだろうか。

「私ね、京都で暮らしたら、大晦日にね、アレをやりたかったの」

と右の手首をぐるぐるとまわしながら色々な人に話していた。

「八坂さんの、をけら詣りね」と、手の動きで誰もが理解してくれる。それほど、京都人に浸透している「をけら詣り」を私は本当に経験したのだろうか。

大晦日——。夢か現《うつつ》か、私の脳裏に浮かぶ、あの炎に吸い寄せられるように私は八坂神社に行った。ものすごい人の数で、あの懐かしいような、夢の中にいるような、あんな静かな光景はどこにも無かった。しかし、あの炎はあった。あの炎は本物だった。

八坂神社では除夜祭のあと、「をけら灯籠」に灯された浄火が朝まで焚かれる。その際に、「をけら（白朮）」のかけらと氏子の無病息災を祈願した「をけら木」が一緒に焚き上げられる。をけらとは、キク科の植物で、薬草の一種。根っこを乾燥させたものを燃やすと強い匂いを発することから邪気を祓うとされてきた。屠蘇《とそ》にも入っている。

　パチパチと跳ねる音。木の燃える匂い。じっと炎を眺めていると、それだけで祓《はら》われた気になる。その「をけら火」を火縄に移し、消えないようにくるくるまわして持ち帰る。公共交通機関には乗れないので、家まで歩く。40分かけて歩く。ひたすら縄をまわすために、人のいない道を選んで歩く。

をけら火を縄に移しながら、1年の無事を祈る

　その火でお雑煮を炊くと1年、無病息災といわれるが、しかし、いまどきのガスレンジは、自動点火なので無理。しばらく蝋燭に灯して眺めるしかない。残った火縄は、火伏せ（火難除《よ》け）のお守りとして台所に祀《まつ》っている。

　では、お正月準備はどうするか。錦市場が観光客向けに様変わりしたいま、食材の調達先は、大丸地下かスーパーだ。驚いたことは二つ。鏡餅の飾り方と、松飾りである。

鏡餅には、串柿、橙《だいだい》、ウラジロ、昆布が乗る。串柿を見るのは京都が初めてだった。お正月、どこの神社、どこの料亭にも、鏡餅には必ず串柿が乗っているのだ。1本の細い竹串に5個または10個の干し柿を刺したもので、三種の神器、「天叢雲剣《あめのむらくものつるぎ》」を表すのだという。ひとり暮らしの私は、鏡餅も小さいのだから、もちろん5個。橙も小さいのを探しあてて乗せている。

さらに驚いたのは、門松である。「根引きの松」なのだ。根っこがついたまま、茎の部分を白い和紙で包み、紅白もしくは金銀の水引で上から括《くく》って、めでたさを演出する。さらに言えば、左右対称ではない。葉が柔らかい雌花（赤松）と刺々《とげとげ》しい雄花（黒松）を組み合わせるのが正式だという。なるほど、何事にも陰と陽が、マイナスとプラスがあると考える「陰陽道」は、ここにも息づいているのだと感心する。たしかに年明けに町を歩いてみれば、祇園界隈《かいわい》の京町家でも、裏千家今日庵でも、門にはアシンメトリーな根引きの松が飾られていた。

このルーツも、平安時代の宮中にある。御所で後に若菜摘みと併せて、新年最初の子《ね》の日に行われた「小松引き」が「野辺の遊び」に発展した。これを詠んだ光孝天皇の歌は、『百人一首』に収められている。

【君がため 春の野に出て若菜摘む わが衣手に雪は降りつつ】

「野辺の遊び」は貴族の恒例行事で、『源氏物語』に何度も登場する。抗酸化作用がある若菜に執着するだけでなく、小松を根こそぎ引いて、その生命力を取り入れようとするとは、なんと貪欲なことか。疫病に悩まされた平安時代、貴族にとって、不老長寿を願い免疫力をあげることは、最大の関心事だったに違いない。その習わしが後に庶民に広まった。現在、上賀茂神社で斎行される「乙子神事《おとねじんじ》（燃灯祭《ねんとうさい》）」に、小松引きの様子を垣間みることができる。

年越しは絶対に京都で過ごすと決めている。大晦日の夜には、蕎麦《そば》を食し、八坂神社へ「をけら詣」をするのがお決まりである。をけら火を移した火縄をまわしながら、新年の絵馬の前で記念撮影をする。もちろん和服で。干支の帯を締めて。いまはもう作ることができない「本ビロード」で仕立てた空色のコートを纏《まと》って。

除夜の鐘は、ひとりで撞《つ》く。近所の六角堂で撞かせてもらう。そして帰宅。歳が改まった瞬間は、神棚に、そして、ご先祖に、感謝をこめて手を合わせる。そのまま眠ることなく、歳旦祭に向かう。賀茂の神々と新年を寿ぐために――。

あとがき

きものを纏《まと》えば日本の真髄がわかるはず――。探究心と収集癖が高じて、気づけば、私の部屋には和服がいっぱい。「もうこの技術はなくなる」「職人がいない」。そんな囁《ささや》きも、私の散財に拍車をかけました。ほぼ毎日和服を纏《まと》っていた私は、行く先々で、きもの談議の果てに、技術継承の危機をも聞かされてきました。

きもの離れの進んだ日本で和服を着る習慣を広げるには、まずは、わかりやすくてワクワクする文様を纏うことも大切。文様を通して神々と繋がりたいとも考えました。「きもの道」の美意識から遠のくと言われるのも覚悟の上で、私は色々な取り合わせに挑戦してきたのです。京都でどこまで許されるか試してみたいとの思いもありました。

父が永眠してから、先祖が三重で養蚕に携わっていたと知ります。私が和服に惹かれたのは、母方の祖父母が呉服店を営んだことに加え、蚕《かいこ》に愛情を注いだ父方先祖の存在もあったのです。絹を纏ったときの懐かしい感じ、守られている感じは、そこから来ていたのです。けれども、東京での社宅暮らしを機に、我家から和の習慣が消えました。経済発展に軸足を置き伝統文化をなおざりにしてきた日本社会で、私のように和文化に触れずに育ち、海外に出て初めて日本の美意識に気づき、きものを着たことがないと枯渇感を抱く人々に、ハードルを下げて和服の魅力を伝えるのも私の任と考えています。

実際、「きもの道」を極めるには、私の修行は全く足りていないのですが、しかし、日本人としての軸を作るという本来の目的においては、京都で、きものを纏って過ごしたことが私の成長を早めてくれたことは確かです。少なからず私は変わりました。

ここに綴ったのは、大都会では忘れられた日本の真髄を、京都で追い求めた私個人の経験にすぎません。過去に、「GQ JAPAN」と「FRaU公式ウェブ」で京都について連載したことがあります。本書には、重なる箇所も一部あるのですが、その際、京都の方から、伝統に寄りすぎて自分の日常とは違う、との声も寄せられました。

京都には、連綿と続く伝統を古臭いと拒む人も、代々続く風習を重苦しいと感じて町を離れる人もいらっしゃいます。たとえば祇園祭を支えていくにも、どれほど身銭を切り、莫大な労力を費やしていることか。そうした水面下の尽力のおかげで、私たちは伝統文化を確認できているのです。この場を借りて皆さんに感謝します。

では、そうした祭や伝統文化が、形を変えながらも、なぜ1200年以上も続いてきたのか。答えは「京都という場」にあります。神々や先人たちの見えざる差配なのか、京都御所で育まれた宮中文化に魅了されてなのか、「京都という場」が人々を動かすのです。私のような「よそ者」の人生観も変えてしまうのです。

裏返せば、京都人には目に見えない存在へのリスペクトがあります。魑魅魍魎《ちみもうりょう》の怖さを知っているからこそ、悦《よろこ》ばせもし、共生もする知恵が受け継がれてきました。先人の供養や鎮魂にも熱心です。もちろん自然と共生し、万物に感謝を捧げる風習は日本各地にあります。が、京都が特別なのは、長く都であり続けた宮中文化がベースにあること。それが庶民に広がり、今日まで連綿と引き継がれているのです。人々の意識には、常に京都御所があると感じています。

今年、私は二人の若者に注目しました。葵祭のヒロイン「斎王代《さいおうだい》」と、祇園祭の「長《なぎ》刀鉾稚児《なたぼこちご》」です。葵祭の直前、斎王代が上賀茂神社本殿に参拝される姿を、偶然に境内でお見かけしました。お召しになっていたのは、宝尽くしがたくさん刺繍された朱色の本振袖。境内の橋を渡るにあたり袖が地面につかないように、右の袖をすっと左に重ね畳まれたのです。驚きました。その所作がとても自然で美しかったのです。幼くして日舞の名取。日本の伝統文化を身につけて、英国ロンドンに留学されています。また、長刀鉾稚児も茶道、華道、日舞などのお稽古をしていると聞きました。彼もやがて海外に飛び立つのでしょうが、自国の伝統文化を理解した日本人として、胸を張って活躍されることでしょう。京都育ちの強みです。

遅ればせながら京都にやって来て、私の中にも日本人としての軸が形成されつつあります。京都での修行を活かして次世代に繋ぐことを、私の新たな課題とします。

カバーイラストは、わたせせいぞうさんにお願いしました。わたせさんの絵の色使い、和服の女性が大好きです。きものの本を上梓する折には、ぜひ、カバーを描いて頂きたいと、かねて考えていました。わたせさんとは、「百夜句会」（黛まどかさん主宰）で、そして「エンジン01文化戦略会議」でご一緒してきたご縁です。

最後に、私が出会ったすべての京都人に、そして折につけ私に忠言を与え続け、かつ居合わせた先で撮影してくれた多くの友に感謝を捧げます。ありがとうございました。

令和癸卯《みずのとう》歳師走

秋尾沙戸子

秋尾沙戸子（あきお・さとこ）
ノンフィクション作家。著書に『運命の長女』（アジア・太平洋賞特別賞）、『ワシントンハイツ――GHQが東京に刻んだ戦後』（日本エッセイスト・クラブ賞）がある。日本の真髄を探求すべく、京都で、ほぼ毎日きもの暮らし。

カバーイラスト／わたせせいぞう
本文イラスト／駿高泰子
（P.12,13,39,85,127,189,235）
ブックデザイン／宮巻 麗
校正／株式会社円水社
DTP／株式会社明昌堂

京都で、きもの修行
55歳から女ひとり住んでみて

著者　秋尾沙戸子
発行日　２０２４年１月28日　初版第１刷発行
発行者　岸 達朗
発行　株式会社世界文化社
〒１０２-８１８７
東京都千代田区九段北４-２-29
０３（３２６２）５１２４（編集部）
０３（３２６２）５１１５（販売部）
印刷・製本　株式会社リーブルテック

ISBN978-4-418-23501-8